JN441036

책 파는 조선 상인들

믿음이란 한 알의 밀알이 땅에 떨어져 죽음으로 많은 열매를 맺음과 같이 진리의 열매를 위하여 스스로 죽는 것을 뜻합니다. 눈으로 볼 수는 없으나 영원히 살아 있는 진리와 목숨을 맞바꾸는 자들을 우리는 믿는 이라고 부릅니다. 「믿음의 글들」은 평생, 혹은 가장 귀한 순간에 진리를 위하여 죽거나 죽기를 결단하는 참 믿는 이들의, 참 믿는 이들을 위한, 참 믿음의 글들입니다.

셩경책 파는 조션 상인들

◉

이원식 지음

홍성사.

일러두기

본문에 사용된 이미지들은 대부분 저작권을 확인하여 사용했습니다. 출처를 표시하지 않은 이미지들은 퍼블릭 도메인이고, 저작권이 살아 있는 이미지는 저작자와 출처를 표시했습니다. 저작권자를 찾지 못한 이미지는 추후 연락이 닿는 대로 사용에 합의하겠습니다.

이야기를 시작하며

중국의 난징이라는 도시에 가면 세계 최대 규모의 성경 공장이 있습니다. 기독교를 다른 사람에게 알리면 법적으로 제재를 받을 수도 있는 중국에 지금도 1초에 몇 권씩 성경책이 만들어지는 공장이 있다는 사실은 매우 놀라운 일입니다.

성경은 단지 기독교라는 종교를 가진 사람들만 읽는 책은 아닙니다. 물론 기독교를 믿는 사람들에겐 꼭 읽어야 하는 책이지만, 종교를 갖고 있지 않아도 읽으면 좋은 최고의 지혜들이 담겨 있습니다.

유대인들의 필독서이자 지혜의 책인 탈무드 역시도 성경을 바탕으로 한 책입니다. 또한 유대인들은 어려서부터 성경을 외우고 공부하는 것을 밥을 먹는 것보다 더 중요시 여길 정도였습니다. 그만큼 성경 속의 지혜는 크고 놀라운 힘을 갖고 있다고 유대인들은 생각했던 것 같습니다.

성경은 고대 근동지역이라고 불리는, 지금의 이스라엘과 그 인근 지역의 역사, 그리고 이스라엘 민족의 이야기를 다루고 있습니다. 하지만 역사와 민족에 관한 이야기뿐만 아니라, 특별히 아름다운 시들도 담겨 있고, 오늘을 살아가는 지혜와 더불어 앞으로 올 시대와 사건에 대한 예언도 담긴 아주 흥미롭고 다채로운 책입니다.

기독교인들에게는 이 땅을 창조하신 하나님의 말씀이기도 하죠. 그리고 종교를 믿지 않는 사람들에게도, 성경은 평생 꼭 읽어 볼 만한 필독서임이 분명합니다. 많은 작가들의 첫 번째 추천 책이 성경이기도 하죠.

그런데 도대체 우리나라 사람들은 언제부터, 우리의 글인 한글로 성경을 읽게 되었을까요? 우리가 한글로 읽을 수 있게 되기까지, 분명히 누군가 성경을 한글로 번역했을 텐데요. 도대체 누가, 왜 성경을 한글로 번역한 것일까요? 그리고 한글 성경은 우리나라에 많은 영향을 주었다고 하는데, 도대체 어떤 영향을 주었을까요?

우리는 이제, 그 몇 개의 질문들에 대한 해답을 찾기 위해 시간 여행을 떠날 겁니다. 이 시간 여행은 우리 민족의 아픈 역사를 따라가야 하는 일이기도 합니다. 하지만 어떤 면에서는 그 시간 여행을 통해, 우리 민족이 어떤 역경을 딛고 지금의 선진국이 되었는지를 생각해 볼 수 있습니다. 그래서 한글 성경의 역사를 찾아가는 이 시간은 아주 흥미진진하면서 감동적인 여정이 될 것입니다.

2026년 1월 이원식

차례

한반도에
들어오기 시작한
성경

아주 귀한 책입니다。
사람들이 이 책을 읽으면
돼지감자보다 더 큰 열매를 얻게 될 것입니다。
돼지감자보다 더 큰 열매?
그게 어떤 열매요?

이 씨앗을 심으면、
돼지감자가 나오지요。
그런데 이 돼지감자 씨앗만큼이나
중요한 책 한 권을 내가 드리지요。

어떤 책이오?

오래전 통일신라의 수도였던 경상남도 경주 불국사에서 몇 가지 오래된 유물이 발견됐습니다. 그런데 그 유물들은 놀랍게도 불교의 유물이 아닌, 기독교를 상징하는 십자가 모양의 유물이었습니다. 많은 사람들이 의아해 했습니다. '국교가 불교였던 통일신라에서 어떻게 기독교 십자가가 나온 것일까?'

하지만 통일신라를 이해하면 그 의문은 바로 풀리게 됩니다. 676년, 고구려 백제 신라로 나뉘어 있던 삼국을 통일한 나라는 신라였습니다. 그래서 우리는 이후의 신라를 통일신라로 부르게 된 것입니다. 그런데 신라가 통일하기 몇십 년 전인 618년에 중국에서도 큰 변화가 있었습니다. 고구려를 괴롭히던 수나라가 망하고 당나라가 들어선 거죠. 당시 당나라는 이전의 중국 왕조와는 달리 국제적이고 개방적인 사상을 가진 왕조였습니다. 그래서 많은 서양인들이 실크로드를 통해 당나라에 도착해 무역을 했습니다. 그리고 통일신라는 그런 당나라와 많은 교류를 하고 무역을 했던 거죠. 서양인들 역시 당나라를 통해 신라에 도착했을 것이고 신라의 수도였던 경주에서는 서양 사람들을 볼 수 있었을 겁니다.

635년, 당나라에는 서양의 기독교인들이 들어와 성경을 알리기 시작했습니다. 중국 사람들은 그때 들어온 기독교를 '경교'라고 불렀습니다. 그리고 자연스럽게 서양인들이나 기독교를 믿게 된 당나라 사람들이 신라까지 왔었겠죠. 그러면서 십자가 모양의 유물도 통일신라시대에 들어오지 않았을까 추측하는 것입니다. 그런데 단지 유물만 들어왔을까요? 아마 성경도 함께 들어왔을 가능성이 높습니다. 단지, 그 기록이 공식적으로 남아 있지 않기 때문에 추측할 뿐입니다. 또한 나무껍질로 만들어진 종이나 가죽에 기록된 성경은 오랜 시간 보존할 수 없었기 때문에 지금까지 남아 있지 않을 겁니다.

또한 당시에 성경책이 신라의 경주에 들어왔다

하더라도 그 성경을 읽을 수 있는 사람은 그리 많지 않았을 겁니다. 왜냐하면 성경은 유대인들이 쓰던 히브리어로 쓰여져 있었는데, 아직 그리스어와 라틴어로밖에 번역이 안 되어 있었기 때문입니다. 영어로 번역되지도 않았던 시대였습니다. 그러니 신라의 경주에 성경책이 전해졌다고 해도, 그걸 읽고 해석할 수 있는 사람은 거의 없었을 겁니다. 물론 가능성이 아주 없는 것은 아니지만 공식적인 기록이 없으니 그렇게 추측할 수밖에요.

그 이후 임진왜란이 조선을 온통 뒤흔들었던 1592년 이후에도 성경책이 들어왔을 가능성이 있습니다. 당시 조선을 침략한 도요토미 히데요시의 부하였던 고니시 유키나가(小西行長, 1558?~1600)는 조선인들에게는 악명 높은 일본의 영주이자 장수였습니다. 하지만 그는 사실 아주 유명한 기독교인이었습니다. 심지어 고니시 유키나가 부대의 군기엔 십자가가 그려져 있었습니다. 붉은 천에 하얀 십자가를 그려 놓았던 것이죠. 또한 영주가 기독교를 믿으면, 그 밑에 있던 백성들은 대부분 종교를 기독교로 바꾸는 역사적인 특성 때문에 고니시 유키나가 부대의 병사들 중엔 기독교인들이 꽤 있었을 것입니다.

그 때문인지 고니시 유키나가가 임진왜란에 참전하자, 그의 부대에는 포르투갈의 예수회 선교사인 그레고리오 데 세스페데스 신부를 비롯한 여러 명의 신부들이 조선까지 동행했습니다. 그리고 매일 미사를 드렸습니다. 그리고 포르투갈 신부들은 전쟁 중에 부상당한 일본 병사들을 위해 하나님께 기도했습니다. 우리나라 사람들에게는 참 모순된 일이겠지요.

그러면서 조선에는 자연스럽게 서양 신부들이 지니던 성경책이 들어왔습니다. 하지만 그것 역시 아무나 읽을 수 없었던 책이었습니다. 그 성경책은 아마도 라틴어로 쓰여 있었을 겁니다. 당시 성경책은 아주 개인적인 물품이며 아무나 읽을 수 없는 귀하고 비밀스런 책이었기에, 많은 사람들이 읽는 베스트셀러의 조건을 충족시킬 수 없었던 것입니다.

여기서 잠깐 짚고 넘어가야 할 부분은 우리가 일반적으로 기독교라고 하는 종교는 가톨릭과 프로테스탄트를 모두 포함한 말입니다. 가톨릭은 전통적인 기독교이며, 프로테스탄트는 가톨릭의 잘못을 비판하며 종교개혁을 주장한 마르틴 루터(Martin Luther,

1483~1546)에 의해 새롭게 시작된 기독교로 일반적으로 개신교라고 부릅니다. 우리나라에 처음 들어온 천주교는 가톨릭을 의미하며, 개신교는 종교개혁으로 이루어진 프로테스탄트를 의미합니다.

임진왜란이 끝나고 그로부터 200여 년의 시간이 흐른 후 1816년, 영국에서 온 커다란 배인 알세스트호와 리라호가 우리나라의 서해안을 탐사합니다. 그들은 사실 영국에서 중국으로 보낸 사절단이었습니다. 하지만 중국에서의 일을 끝내고 바로 영국으로 돌아가지 않고, 인근의 섬들을 탐사하던 중 조선의 서해안 일대에 오게 된 것입니다.

사실 당시는 이미 바다를 통한 무역이 절정기에 이른 때였습니다. 15세기 초중반에 포르투갈의 엔히크 왕자는 기존의 육로를 통한 무역에 의존하지 않고 항해술을 개발해 바다로 나가기 시작했습니다. 바다를 통해 대서양으로 나가 새로운 땅을 개척하고 무역을 통해 나라를 발전시켰던 것입니다.

지금이야 바다를 통해 어디든 갈 수 있지만, 당시에 바다로 나간다는 것은 죽음을 각오해야 하는 일이었습니다. 해류와 바람의 방향을 이용하는 방법을 몰랐기 때문입니다. 하지만 포르투갈은 항해술을 개발하고 모험을 통해 대항해 시대를 열었습니다. 당시 유럽 서쪽의 작은 나라였던 포르투갈은 그렇게 전 세계를 지배하게 됐던 것이죠. 그렇게 시작된 대항해시대는 포르투갈에서 스페인으로, 그리고 네덜란드로, 프랑스로, 영국으로 번져갑니다.

이탈리아 출신이었던 크리스토퍼 콜럼버스는 지금의 스페인인 에스파냐의 이사벨 여왕의 후원으로 대서양을 건너 아메리카를 발견하게 됩니다. 원래는 아프리카 대륙을 따라가다가 인도로 가려고 했지만, 해류의 방향 때문에 우연히 새로운 땅 아메리카에 닿게 된 것입니다. 바스코 다가마는 아프리카 남단을 통해 인도 항로를 개척했습니다. 페르디난드 마젤란은 세계를 일주하기도 하죠. 그렇게 항해 기술과 군사력을 가진 나라들은 전 세계를 누비며 세계무역을 지배하게 됩니다.

1816년 영국을 출발해 중국을 거쳐 서해안을 탐사했던 알세스트호와 리라호 역시 새로운 땅을 탐사하고 이를 통해 새로운 무역로를 개척하려고 했던 것입니다. 그리고 그들은 서해안의 작은 섬들과 지금의 충남 서천의 마량진에까지 도착하게 되었던 것입니다. 알세스트호의 함장이었던 머레이 맥스웰(Murray Maxwell, 1775~1831)은 당시 마량진에 정박해 있던 조선 관리에게 성경책을 선물해 줍니다. 그 성경책은 영어로 번역되어 있었던 킹 제임스 버전의 성경책[1]이었습니다.

머레이 맥스웰은 조선인 관리에게 영어 성경을 건네며 영어로 말했을 것입니다.

"이 책을 잘 읽어보시오. 아주 귀한 책이오."

하지만 그 책을 받아든 관리는 그 말을 알아들을 수가 없었습니다.

"도대체 뭐라고 하는 거야? 말도 못 알아듣겠고, 이 책도 무슨 책인지 도통 알 수가 없네."

---

1 킹 제임스 성경(영어: The King James Version, 약칭 KJV 또는 영어: The King James Bible, 약칭 KJB). 잉글랜드와 스코틀랜드 그리고 아일랜드 왕국의 국왕 제임스 1세의 명으로 1604년에 번역을 시작하여 1611년에 끝마친 기독교 성경의 영어 번역본이다.

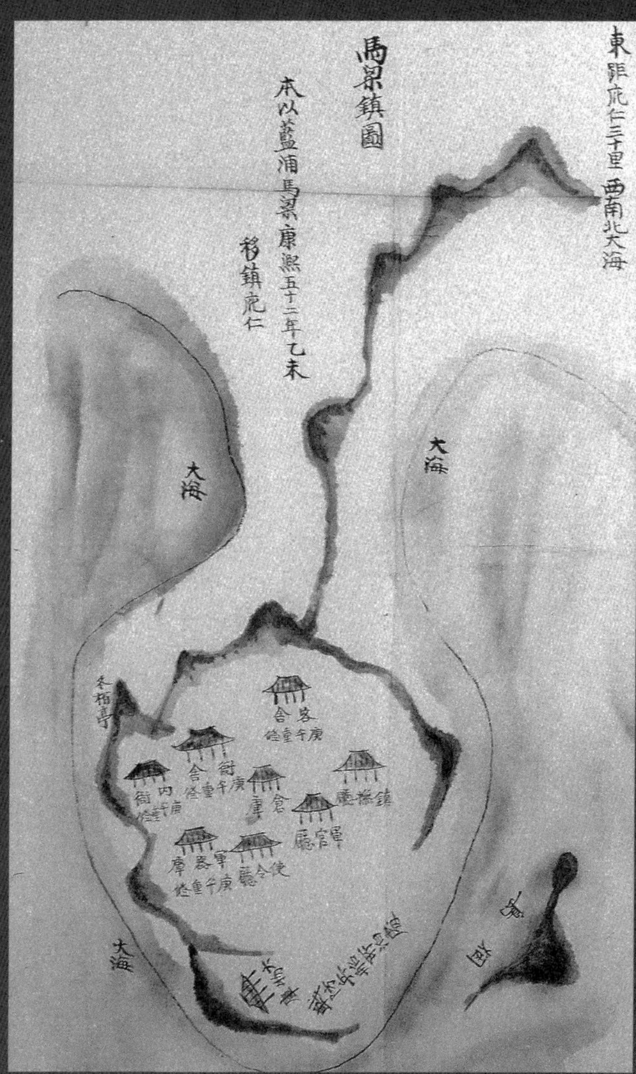

마량진의 옛 지도.

《조선 서해안 및 류큐 제도 발견 항해기》(바실 홀, 1818)의 삽화.
조선인과 만난 1816년의 상황을 묘사한 그림.

영어권의 문화가 아닌 조선에서 당시 영어를 할 수 있는 사람은 몇 명이나 있었을까요? 당연히 머레이 맥스웰이 건넨 영어 성경은 아무도 읽을 수 없는 그저 종이로 된 정체 모를 낙서가 적힌 쓸모없는 책일 뿐이었습니다. 그 안에 담긴 세상의 탄생과 신과 인간의 역사, 그리고 많은 지혜들은 아무 소용이 없었던 것입니다.

머레이 맥스웰과 함께 있었던 리라호의 함장 바실 홀[2]은 당시 조선과 중국, 그리고 류큐제국(현재는 일본의 오키나와), 인도 등지를 탐험한 내용을《조선 서해안 및 류큐 제도 발견 항해기》[3]라는 이름으로 출간합니다. 1818년에 런던에서 출간된 이 책은 당시 영국뿐 아니라 유럽 최고의 베스트셀러 중의 하나였습니다.

그로부터 16년 뒤인 1832년, 그 책을 읽고 동아시아 지역에 관심을 갖게 된 또 한 명의 사람이 조선

---

2 바실 홀(Basil Hall, 1788~1844). 1812년부터 동인도회사에서 근무했고, 알세스트호 선장 머레이 맥스웰과 함께 조선의 서해를 탐사했다. 1818년《조선 서해안 및 류큐 제도 발견 항해기》를 런던에서 출간했고, 영국 해군병원 정신병동에서 1844년 사망했다.

3 *Account of a voyage of discovery to the west coast of Corea and the great Loo-Choo Island*, 1818.

서해안에 도착해 성경책을 전하게 됩니다. 그의 이름은 칼 귀츨라프(Karl Gützlaff, 1803~1851)였습니다.

귀츨라프는 동아시아를 탐사해 새로운 무역로를 개척하려던 일명 '동인도회사' 소속의 배인 로드 애머스트호의 통역관이었습니다. 중국어와 일본어에 능통했던 귀츨라프는 통역관 신분으로 고대도[4]에 도착해 한 달가량을 머물면서 돼지감자를 땅에 심는 방법을 알려주고 성경책을 나누어 주었습니다. 그런데 그 성경책은 한문으로 번역되어 있는 한문 성경이었습니다. 그는 사실 개신교 선교사이기도 했습니다.

"이 씨앗을 심으면, 돼지감자가 나오지요."

"고맙소."

"그런데 이 돼지감자 씨앗만큼이나 중요한 책 한 권을 내가 드리지요."

"어떤 책이오?"

---

4 국내 최초 개신교 선교지인 충남 보령시 오천면 고대도. 조선 말기인 1832년 독일인 선교사 칼 귀츨라프가 한 달가량 머물며 주민들에게 한문 성경과 전도 문서를 나눠주고, 돼지감자 재배법과 포도주 담그는 법을 알려준 곳이다. 현재는 이곳에 칼 귀츨라프 마을이 조성되어 있다.

"아주 귀한 책입니다. 사람들이 이 책을 읽으면 돼지감자보다도 더 큰 열매를 얻게 될 것입니다."

"돼지감자보다 더 큰 열매? 그게 어떤 열매요?"

"하나님이 주시는 지혜의 열매지요."

하지만 당시 고대도라는 작은 섬에서 한문으로 된 성경책을 읽을 수 있는 사람은 소수의 양반들뿐이었습니다. 물론 영어로 된 성경보다는 더 편하게 읽을 수 있었겠지만, 섬이라는 지역의 특성상 많은 사람이 읽을 수 있는 베스트셀러가 될 순 없었습니다. 또한 어떤 목적으로 조선에 온 것인지 모를 수상한 서양인들이 건넨 성경책이 조선인들의 입장에서 보면 탐탁잖은 책이었을 것입니다. 하지만 그렇게 성경책은 계속 조선의 문을 두드리기 시작합니다.

성경은 아니었지만 성경 구절을 발췌하고 해석을 붙인 책도 있었습니다. 가톨릭 신부였던 디아즈(E. Diaz, 1574~1659)가 1636년에 북경에서 주일복음 해설서인 《성경직해》(聖經直解)를 펴냈고, 1740년에는 프랑스 출신 신부였던 마이야(De Mailla, 1669~1748)가 주일 복음 묵상서인 《성경광익》(聖經廣益)을 펴냈는데요. 이 두 권의 책에서 발췌한 성경 구절들을 당시 조선인 통역관이었던 최창혁이 한글로 번역해 적은 것이《성경직해광익》(聖經直解廣益)이었습니다. 하지만 이 책은 4복음서(마태, 마가, 누가, 요한복음)의 일부 구절을 발췌해 해석을 붙인 것으로, 엄밀한 의미에서 온전한 성경 혹은 온전한 한글 성경으로 보기는 어려웠습니다.

또한 그것은 필사본 형태, 그러니까 인쇄된 형태가 아닌, 복사하듯 붓으로 베껴 적은 것이었습니다. 따라서 언제 만들어진 것인지 정확한 연도는 알 수 없습니다. 하지만 발견된 필사본이 1860년대에 필사한 것으로 보여지기 때문에 그즈음에 만들어진 것으로 알려지고 있습니다.

이후 1866년에는, 로버트 저메인 토마스(Robert Jermain Thomas, 1839~1866)라는 영국 남자가 평양으로 들어가기 위해 미국의 무장상선인 제너럴셔먼호를 타고 대동강 인근에 도착합니다. 그는 제너럴셔먼호의 통역관이자 개신교 선교사였습니다. 선교사였던 그는 도대체 왜 통역관이 되어 그것도 무장한 배를 타고 조선에 오게 된 것일까요?

토마스는 조선이라는 나라에 관심이 많았던

선교사였습니다. 하지만 당시 조선은 흥선대원군의 쇄국정책으로 나라의 문이 꽁꽁 닫혀 있었으며, 서양인들이 출입할 수가 없는 곳이었습니다. 조선에 성경책을 전해주고 싶었던 토마스가 조선에 들어갈 수 있는 방법은, 아니 조선 가까이라도 갈 수 있는 유일한 방법은 개항을 요구하는 무장상선을 타고 가는 것뿐이었습니다. 조선에 가고 싶었던 토마스에게는 어쩔 수 없는 유일한 선택이었던 것입니다.

토마스는 그렇게, 무력시위를 하며 대동강을 따라 평양으로 들어가려던 제너럴셔먼호를 타고 조선에 도착했지만, 도중에 조선 병사들의 방어공격을 당해 배는 불타고 목숨을 잃게 됩니다. 하지만 그 극한의 상황 속에서 토마스는 한문으로 된 성경책을 조선 병사들에게 건네주고 죽게 됩니다. 그런데 그때 건네진 한문 성경은 평양의 한 여관의 벽지로 사용되었다고 합니다. 그런데 놀라운 사실은 그 여관이 평양에서 제일 큰 교회였던 장대현교회가 되었다는 점입니다.

우리나라에 다양한 성경이 들어온 흔적들을 살펴보았습니다. 하지만 1816년 머레이 맥스웰에 의해 전해진 성경도, 1832년 칼 귀츨라프에 의해 전해진 성경도, 1866년 로버트 저메인 토마스에 의해 전해진 성경도 영어 혹은 한문으로 쓰여 있었기 때문에 쉽게 읽을 수 있는 성경은 아니었고, 분량도 아주 소량이었기 때문에 많은 사람들이 읽을 수는 없었습니다.

또한 1800년대부터 시작된 천주교 박해는 1800년대 후반까지 지속적으로 이어져 왔습니다. 성경을 지니고 있거나 읽는다는 것은 아주 위험한 일이었기 때문에 보편적으로 읽을 수 있는 상황도 아니었습니다. 이 부분은 뒤에서 다시 이야기하겠습니다.

하지만 성경을 전하려는 모든 사건과 시도들은 앞으로 한글 성경이 번역되고 만들어지는 데 중요한 역할을 했음이 분명합니다. 왜냐하면 어떤 일이 갑작스럽게 일어나기도 하지만 대부분의 일들은 어떤 전조가 있기 마련이고, 서서히 그리고 순차적으로 일어나기 때문입니다.

다양한 방법으로 성경이 들어오기 시작하면서 사람들이 성경에 대해 궁금증을 가지게 되고 조금씩 그 필요성이 드러나기 시작하게 된 것은, 성경이 한글로 번역되고 인쇄 배포되어 조선의 많은 사람들이 읽게 되기 전까지의 전조라고 볼 수도 있습니다. 또한 성경을 조선에 전하고 싶어 했던 서양 선교사들이나 그들이 속한 단체와 성경 회사들에서는 성경을 한글로 번역하기 위해 필요한 소요 경비와 인력을 모으고, 적절한 때를 기다리는 중요한 계기가 되었습니다. 그리고 그 적절한 타이밍은 역사에서 늘 그렇듯이 운명적인 특별한 만남으로부터 시작됩니다.

조선과 청의 국경、
고려문에서의
운명적 만남

그럼 도대체 당신은
무엇을 파는 사람이오?

사실 나는

양초를 파는 사람이 아니오。

지금으로부터 150여 년 전, 그러니까 1800년대 중후반에는 조선과 중국 청나라의 국경 지역에 고려문이라는 큰 성문이 있었습니다. 언제 만들어졌는지 정확히 알 수는 없지만 고려문은 큰 돌들을 둥그런 아치 형태로 쌓아 만든 성문이었습니다. 지금이야 성문은 관광지이지만, 당시의 성문은 성 안으로 들어오기도 하고 나가기도 하는 유일한 통로였습니다.

지금의 중국 국경도시인 단동에서 심양으로 가는 길목에 있는 작은 기차역인 일면산역 근처가 고려문이 있었던 자리라고 추측하고 있습니다. 또한 일면산역 근처는 오래전부터 고려문 마을이라고 불려왔습니다. 지금은 중국에 속한 영토이기 때문에 중국 사람들은 변문진이라는 이름으로 그 지역을 부르고 있지만,

그곳에 오랫동안 살았던 나이 든 사람들은 아직도 고려문 마을이라고 불리던 때를 기억하고 있으며, 곳곳에 고려라는 이름을 한 가게들도 여전히 보입니다. 물론 또 언젠가는 그 이름을 한 가게들이 사라질지도 모르지만 말이죠.

지금처럼 철조망으로 국경이 되어 있지 않던 시절, 고려문은 실제적인 국경 역할을 하던 곳이었습니다. 조선에서 고려문을 통해 나가면 중국 청나라였고, 청나라에서 고려문을 통해 들어오면 조선이었습니다. 당시는 외국으로 오가는 사람들을 강하게 통제하던 시대였기 때문에 고려문 이외의 지역으로 오가는 것은 불법이었습니다. 또한 불법으로 국경을 넘나드는 것은 국법으로 엄하게 다스리던 시대였습니다.

조선 정조 시대, 조선의 관리이자 뛰어난 학자로 유명했던 연암 박지원은《열하일기》라는 책을 남겼습니다.《열하일기》는 청나라 건륭황제의 칠순 잔치에 참여하기 위해 북경에서 조금 떨어진 곳, 건륭황제의 별궁에 있던 '열하'라는 곳을 다녀온 일종의 기행문이었습니다. 그 기행문에도 고려문에 대한 기록이 나옵니다. 연암 박지원도 고려문을 통해 조선에서 중국

고려문이 있었던 현 중국 일면산역 근처의 변문진. ⓒ이원식

청나라로 들어갔던 것입니다.

1874년 즈음, 연암 박지원처럼 고려문으로 향한 백씨라는 성의 한 사람이 있었습니다. 백씨는 의주 상인이었습니다. 쇄국으로 나라의 문이 꽁꽁 닫혀 있던 시대, 유일하게 고려문 근처에서만 다른 나라와 무역을 할 수 있는 큰 장이 열렸습니다. 일종의 국제시장이 열린 셈입니다.

일 년에 네 번, 음력 3월, 8월, 9월, 12월에 열린 그 국제시장에서 백씨는 조선의 물건을 중국 상인들에게 팔기도 하고, 또 중국 상인들로부터 좋은 물건을 사서 조선에 팔기도 했습니다.[5] 그런데 그 시장에서 백씨는 중국인이 아닌 한 서양 사람을 발견하게 됩니다. 존 로스(John Ross, 1842~1915)라는 그 서양 사람은 양초를 팔고 있었습니다. 백씨는 그 서양인에게 다가갔습니다. 하지만 백씨가 궁금해한 것은 양초가 아니라, 존 로스라는 그 서양인이 입고 있던 양복이었습니다.[6]

백씨는 존 로스에게 다가가 물었습니다.

---

5 이만열 외, 《대한성서공회사1. 조직·성장과 수난》, 대한성서공회, 1993, p. 32

6 *United Presbyterian Missionnary Record*, UPMR, May. 1. 1875.

"안녕하시오. 당신이 입고 있는 양복을 좀 구경할 수 있겠소?"

"내가 입고 있는 옷 말이오?"

"그렇소. 질이 좋아 보이는군요."

"이 양복은 내가 살던 영국이라는 나라의 맨체스터 지방에서 생산하는 아주 귀한 천으로 만든 옷이오."

"오 그렇군요. 혹시 이 천을 구할 수 있겠소? 조선에 가져다 팔면 양반들이 아주 좋아할 것이오. 비싼 가격에 내다 팔 수가 있소이다. 내가 값을 잘 쳐드리겠소이다."

하지만 존 로스는 미소를 지으며 고개를 저었습니다.

"나는 천을 파는 사람이 아니오."

"그렇군요. 하지만 나는 당신이 파는 양초를 살 생각은 없소이다."

백씨는 조금 실망했습니다. 존 로스가 입고 있는 천을 조선으로 가져가면 큰돈을 벌 수 있다고 생각했는데 그 기대가 꺾인 것이 첫 번째 이유였습니다.

증기기관의 발명으로 인해 1780년대에 유럽에서는 산업혁명이 시작되었습니다. 그전까지는 수작업으로 물건들을 만들었는데 증기기관으로 만든 공장이 세워지면서 물건을 대량 생산하는 일들이 가능해졌습니다. 그 대량 생산 가능 물품 중에 대표적인 것이 면으로 만든 제품, 즉 양목이었습니다. 그리고 그 양목 중에 영국 맨체스터 지방에서 생산되는 옥양목은 특별히 조선 사대부 집안에서 아주 좋아하던 물건이었습니다. 백씨는 존 로스가 입고 있는 그 옥양목을 사서 조선 사대부 집안에 팔면 큰돈을 벌 것이라고 생각했는데, 팔지 않는다고 하니 실망할 수밖에 없었던 것입니다.

존 로스는 주변을 살피다가 백씨에게 조심스럽게 말했습니다.

"사실 나는 양초를 파는 사람도 아니오."

그 말에 백씨는 의아한 듯 물었습니다.

"그럼 도대체 당신은 무엇을 파는 사람이오?"

그러자 존 로스는 대답합니다.

"사실 나는 성경책을 파는 사람이라오."

백씨의 표정은 더 어두워졌습니다. 백씨가 실망한 두 번째 이유는 그 성경책은 아주 위험한 책이라고 소문나 있었기 때문입니다. 그리고 많은 사람들이 그 책 때문에 목숨을 잃었다는 사실을 잘 알고 있기 때문이었습니다.

당시에는 조선에서 천주교 박해가 일어나던 시대였습니다. 1791년 신해년에 처음 시작된 박해는 100년 가까운 시간 동안 계속되었는데, 그중 1866년 병인년에 일어났던 병인박해 때는 프랑스 신부 9명을 포함해 8000명 가까운 조선인 천주교 신자들이 처형당했습니다. 이 일을 계기로 프랑스의 무력 함대가 강화도까지 접근해 조선을 침략하는 사건이 벌어지기도 했습니다. 그때 프랑스 함대는 조선의 외규장각 문서를 훔쳐가기도 했습니다. 그 사건은 우리의 역사 교과서에도 잘 나와 있는데 병인양요(丙寅洋擾)라고 부릅니다.

또한 그로부터 몇 년 뒤인 1871년 신미년에는 미국의 무력 함대가 서해에서 서울로 들어가는 관문인 강화도 해협까지 접근하게 되고, 우리나라는 강하게 이를 저지하는 일이 벌어집니다. 앞에 잠깐 설명했던, 로버트 저메인 토마스가 타고 온 제너럴셔먼호 때문이었습니다. 미국은 몇 년 전 조선인들에 의해 불태워진 제너럴셔먼호 사건을 빌미로 사과와 손해배상을 요구하기 위해 다시 조선에 찾아온 것이었습니다.

"조선인들은 들으라. 몇 년 전 우리 미국의 상선인 제너럴셔먼호가 조선을 방문한 적이 있는데, 당신들은 아무런 공격도 하지 않은 우리의 배를 먼저 공격하고 불태웠으며 그 배에 타고 있던 우리 미국인들을 죽였다. 이에 우리 미국은 당신들에게 사과와 해명을 요구하기 위해 다시 찾아왔다. 그 일에 대해 손해배상을 하라! 또한 사과의 의미로 닫혀 있던 조선의 문을 열고 우리가 자유롭게 조선에 드나들 수 있도록 해야 한다! 안 그러면 우리의 강력한 무력으로 조선을 굴복시킬 것이다!"

미국이 요구한 것은 단순한 사과와 손해배상이 아니었습니다. 그 뒤에는 조선을 강제적으로 개항하여 미국이 경제적으로 막강한 이득을 취하기 위한 무력 시위였던 것입니다. 또한 그들이 타고 온 배는 보통 배가 아닌 증기기관으로 움직이는 커다란 철제로 된 무장함선이었습니다. 당연히 해안가 가까이 접근한 그 커다란 기선을 바라보던 조선인들은 눈이 휘둥그레질 정도로 겁을 먹을 수밖에 없었습니다. 한 번도 본 적이 없는 배였기 때문입니다.

하지만 당시 조선의 왕이었던 고종의 아버지로서, 조선의 절대 권력을 쥐고 있었던 흥선대원군은 그런 미국의 요구에 눈 하나 깜짝하지 않았습니다.

"당신들 미국의 요구는 들어줄 수가 없다. 우리 조선은 서양의 그 어떤 나라와도 무역을 하지 않을 것이고, 항구를 개항하지 않을 것이다! 당장 돌아가지 않으면 가만두지 않을 것이다."

흥선대원군은 오히려 미국보다 더 강경하게 대항했습니다. 흥선대원군을 비롯한 당시 조선의 대신들은 옆 나라 일본이 어떻게 미국에게 무력으로 굴복당했으며 불평등하게 조약을 맺고 굴욕적으로 개항했는지를 잘 알고 있었습니다.

1854년, 미국은 똑같은 방식으로 일본 요코하마에 증기기관으로 움직이는 거대한 무장함선을 몰고 와서 무력으로 시위하며 개항을 요구했습니다. 일본인들은 미국의 커다랗고 검정 색깔의 기선을 흑선(黑船), 즉 '쿠로후네'라고 불렀는데, 그 위용에 겁을 먹은 일본은 미국과 앞으로 친하게 지내자는 미일화친 조약[7]을 체결하게 됩니다.

하지만 말이 서로 잘 지내자는 화친 조약이지, 사실은 미국이 절대적으로 유리한 불평등하고 불합리한 조약이었습니다. 그 조약으로 인해 일본은 자국의 경제적인 많은 이익을 미국에 넘겨주어야 했습니다. 또한 미국은 다른 서양 나라들보다 먼저 경제적으로 일본을 지배할 수 있는 발판을 마련할 수 있었습니다.

이러한 상황을 잘 알고 있던 흥선대원군은

---

7 미일화친 조약(美日和親條約, Japan-US Treaty of Peace and Amity). 카나가와 조약이라고 부르기도 한다. 불평등 조약으로, 일본이 처음으로 외국에 문을 열게 되는 계기가 된 조약이다.

일본처럼 불평등한 조약을 맺고 싶지 않았기 때문에 강력한 쇄국정책을 써서 미국에게 물러나라고 경고한 것이었습니다. 그러나 결국 물러서지 않으려는 미국과, 필사적으로 침략을 막으려는 조선 사이의 전쟁이 벌어지게 됩니다. 그 전쟁이 신미양요(辛未洋擾)입니다.

신미양요 당시 미국은 85개의 강력한 대포, 1230명의 군인들이 탄 다섯 척의 무장함선을 몰고 와서 조선을 공격하기 시작했고, 강화도와 인근 섬들을 점령하기 시작합니다. 하지만 조선의 군인들은 일본군인들처럼 만만하지 않았습니다. 미국의 무력 시위와 위협에 결국 개항을 승인했던 일본과는 달리 조선은 절대로 물러설 생각이 없었던 것입니다.

그리고 조선 군인들의 강력한 저항에 미국은 뜻을 이루지 못하고 물러나게 됩니다. 병인양요와 신미양요, 그리고 천주교와 함께 들어오기 시작한 서양의 문화와 사상들은 유교적인 전통을 따르던 조선에게 너무나 큰 위협이었습니다. 그렇기 때문에 서양인들이 전하려는 기독교에 대한 인식 또한 조선의 권력층에서는 좋게 받아들일 수가 없었습니다.

더욱이 1868년에는 독일인 오페르트가

홍선대원군의 아버지인 남원군의 묘를 파헤쳐 도굴하고, 묘 안에서 꺼낸 시체와 부장품을 빌미로 흥선대원군에게 무역을 요구하는 사건이 벌어집니다.

"흥선대원군! 내가 당신의 아버지 시체와 묘 안의 부장품을 갖고 있습니다. 이것을 당신에게 돌려줄 테니, 내가 조선에서 크게 장사를 할 수 있도록 허락해 주시오. 허락하지 않는다면 당신 아버지의 시체와 부장품은 절대로 돌려주지 않을 것이오!"

유교적인 생각으로 그런 일은 흥선대원군에게 대단한 수치였고 분노를 일으키는 사건이었습니다.

"신체발부 수지부모라 했거늘, 감히 내 몸의 일부나 다름없는 내 아버지의 시체를 파헤치고 아버지의 묘를 훼손하다니. 천하의 나쁜 놈!"

그렇게 흥선대원군은 격분했습니다. 그런데 흥선대원군에게 또 다른 소식이 들어가게 됩니다. 오페르트가 한 그 충격적인 행동에 프랑스인 신부와 천주교 신자들이 관여했다는 사실이 전해진 것입니다.

사실 흥선대원군은 천주교에 대해 우호적인 생각을 갖고 있었습니다. 흥선대원군의 부인도 천주교 신자였기 때문입니다. 하지만 오페르트의 남원군 묘 도굴 사건을 계기로 흥선대원군은 기독교에 대해 완전히 돌아서게 됩니다. 때문에 8000명 가까운 천주교 신자들이 박해를 받고 학살된 것이었습니다. 그런 일련의 사건들이 벌어졌으니, 조선의 조정에서는 기독교인들에 대한 인식이 좋을 리가 없었습니다.

기독교는 주로 서양 강대국들의 강압적인 정책과 함께 들어오는 경우가 많았는데요. 조선 왕족들과 귀족들 그리고 관리들은, 선진화된 서양 문물과 기독교와 같은 서양 사상이 갑자기 조선에 들어오게 되면 조선 사람들이 혼란스러워 할 것이라고 생각했습니다. 조선의 것과 너무나 큰 비교가 될 수도 있었기 때문입니다. 여태까지 조선 사람들이 누리던 것이나 생활이 너무 미비하고 보잘것없다고 생각하게 되면 그 불만의 화살은 결국 왕족과 귀족들, 그리고 관리들에게 돌아올 수밖에 없었습니다.

그래서 조선 조정에서는 서양의 접근을 최대한

막아내는, 일명 나라의 빗장을 걸어 잠그고 아무도 출입할 수 없게 만드는 쇄국정책을 쓴 것입니다. 당시 조선의 최대 권력자였던 흥선대원군의 그런 판단이 조선의 미래에 어떤 역할을 했는지에 대해서는 다양한 비판과 해석이 있을 수 있습니다. 물론 막강한 권력을 휘두르며 쇄국정책을 쓰던 흥선대원군은 1873년 명성황후 민비 쪽 사람들이었던 민씨들에게 권력을 빼앗기고 잠시 물러나 있었지만, 쇄국정책의 빗장은 완전히 풀리지 않았습니다.

아무튼 그렇게 혼란스런 시대였으니, 성경책은 위험한 서양의 학문인 서학 중의 하나였고, 역시 읽어선 안 되는 위험한 금서로 취급했던 것입니다.

또한 기독교의 가장 큰 중심 교리 중의 하나는 유일신 사상입니다. 하나님 이외에는 다른 신이 없다는 것입니다. 하지만 민간 신앙과 조상신 숭배, 불교, 유교 등의 사상 아래 있었던 조선 사람들은 다양한 신들을 믿어왔으며 '왕'이라는 존재는 그런 신과 같은 존재 중의 하나였습니다. 왕은 나라의 가장 큰 주인이었으며, 절대 복종의 대상이었던 것입니다.

그런데 기독교에서는 나라의 왕보다도, 집안의

어른과 부모보다도 유일신인 하나님이 가장 중요한 존재이며 그 하나님의 말씀만을 순종해야 한다고 가르치니 조선 조정의 입장에서 보면 왕의 권위와 기존의 가치 질서를 위협할 수 있다고 생각한 것입니다. 그렇기 때문에 성경은 금지된 책이었고 지니거나 다른 사람에게 권하면 죽을 수도 있던 시대였던 것입니다.

다시 고려문에서 존 로스라는 서양 사람을 만난 백씨의 이야기로 돌아가 봅시다. 존 로스가 입고 있던 양복에 관심 있던 백씨는 그가 성경책을 파는 사람이라는 말에 얼굴이 어두워졌습니다. 이미 수없이 많은 천주교 신자들이 성경책 때문에 목숨을 잃었고, 기존의 가치 체계와 질서를 무시하는 유일신 사상이 담긴 책이기 때문에 백씨는 그 성경책이 위험하다고 생각했을 것입니다.

존 로스는 백씨에게 말했습니다.

"내가 파는 이 성경책은 양초가 내는 불빛보다 더 환하게 당신을 밝혀줄 것입니다. 한 권 사시겠소?"

그 말에 백씨는 잠시 망설이면서 주변의 눈치를 살피기 시작했습니다. 왜냐하면, 주변엔 조선 상인들과 서양 사람들의 접촉을 감시하는 눈들이 있었기 때문입니다. 바로 조선인 관리들이었습니다. 그들이 감시하는 이유는 행여 조선 상인들이 서양인들과 지나치게 접촉하거나, 혹은 성경책 같은 위험한 책을 사거나 하면 체포하기 위해서였습니다.

사실 존 로스는 아침부터 저녁까지, 고려문의 장터에 나와 양초를 파는 척하면서 실은 가까이 다가오는 조선 사람들에게 성경책을 사라고 말했습니다.

"성경책을 사십시오. 한문으로 된 이 성경엔 진리가 담겨 있습니다. 하늘의 지혜가 담겨 있습니다. 이 성경책이 당신의 영혼을 구원해 줄 것입니다!"

하지만 존 로스는 단 한 권도 팔지 못했습니다. 성경책이 위험하다는 사실을 조선 상인들 대부분이 알고 있었습니다. 존 로스는 어두워진 백씨의 얼굴을 보면서, 분명 이 사람도 다른 조선 사람들처럼 성경을 사지 않을 것이라고 생각했을지도 모릅니다. 그런데 존 로스의 예상이 틀렸습니다.

백씨는 주변의 눈치를 살피다가 조선인 관리들이 잠시 쉬기 위해 자리를 비운 사이를 틈타 존 로스에게 말했습니다.

"그 책 내가 한 권 사겠소이다."

"정말이오? 정말 이 성경책을 사겠소?"

"그렇소. 관리들이 감시할지도 모르니 빨리 한 권 주시오."

순간 존 로스의 표정이 밝아졌습니다. 아무도 사려고 하지 않는데, 위험을 무릅쓰고 성경을 사려는 백씨의 모습이 존 로스에게 큰 감흥을 불러일으켰습니다. 백씨는 존 로스에게 얇은 한문 성경과 《훈아진언》[8] 이라는 책을 받아갔습니다.[9] 아마 존 로스는 주변의

---

8 《훈아진언》(訓兒眞言). 미세스 매스톤(Masston)이 어린이를 위해 만든 한문 주석 성경이다. 그러나 완전한 성경 본문이 수록되어 있는 것이 아니라 성경 말씀 일부를 발췌 인용한 문답방식의 교리서이며 전도 소책자라고 볼 수 있다.

9 "Mr. MacIntyre's Work", UPMR, 1880. 7. 1.; 한국기독교역사학회, 《한국 기독교의 역사》, 기독교문사, p. 102 재인용.

눈치를 살피며 양초를 선물로 주면서 성경책을 건네주었을 것입니다.

사실, 존 로스는 단순히 성경을 파는 상인이 아니었습니다. 그는 조선과 중국에 성경을 전하기 위해 멀리 스코틀랜드에서 온 기독교 선교사였습니다. 백씨는 값을 지불하고, 존 로스는 성경책을 건네주었습니다. 존 로스로부터 한문으로 된 성경책을 받아든 백씨는 얼른 그 책을 짐 속 깊이 집어넣었습니다. 조선으로 돌아가는 길에 관리들에게 검문을 당해 혹시 들키기라도 하면, 관아로 끌려가 고문을 당하고 큰 벌을 받을 수도 있었기 때문입니다. 또는 사형을 당할 수도 있었습니다. 그런 위험을 감수하고, 백씨는 다른 조선인들과 달리 감시하는 조선 관리들의 눈을 피해 한문 성경을 구입한 것이었습니다.

도대체 왜, 의주 상인이었던 백씨는 그토록 위험한 한문 성경을 목숨을 걸어가면서까지 구입한 것일까요? 그리고 도대체 왜, 위험을 무릅쓰고 성경책을 숨긴 채 집으로 돌아간 것일까요? 그 질문에 대한 답은 당시 조선의 시대 상황 속에서 찾을 수 있습니다.

1870년대 조선은 풍전등화 속에 있었습니다.

조선은 바람 앞에 흔들리는 등불 같은 존재였습니다. 주변 강대국들의 무력시위와 개항 요구가 거셌고, 내부적으로는 부패한 관리들과 탐관오리들의 횡포가 극심했고, 천주교와 동학 등으로 인해 민심이 흔들리고 있었습니다. 백성들은 가난하게 살 수밖에 없었습니다. 조선은 언제 꺼질지 모르는 국가적인 위기의 상황에 빠져 있었습니다. 그런 상황 속에서 흥선대원군이 나라를 지키기 위해 쇄국정책을 택한 것입니다. 옆 나라 일본은 1854년 이미 개항을 선택해 나라를 열고 외국과 자유롭게 무역을 하기 시작했고, 1868년에는 메이지 유신을 통해 근대화를 시작했습니다.

쇄국정책으로 인해 조선 사람들은 고립되어 있었고, 정치적으로도 경제적으로도 어려웠습니다. 전염병이 돌아 많은 사람들이 죽었고, 가뭄과 기근으로 또 많은 백성들이 굶어 죽었습니다. 관리들의 횡포로 인해 세금도 많이 내야 했기 때문에 백성들은 지독한 가난을 피해 고향을 떠나 장사를 하거나 이곳저곳을 떠돌아다니는 힘든 삶을 살아야 했습니다. 일부는 몰래 조선을 떠나 중국의 만주로 가서 유랑민으로 살아야 했던 것입니다. 그렇게 나라의 국운이 기울어가던 시대 속에서 백씨는 가족을 굶어 죽이지 않고 살아야 했습니다. 그런 백씨의 상황은 어쩌면 지금 북한 동포들의 삶과 비슷했을 것입니다.

그런 시대 속에서 백씨는 아마도 진리를 찾으려고 애썼던 것 같습니다. 이 지독한 가난에서 벗어날 수 있는 방법을 혹시 중국인이나 서양인들을 통해 들을 수는 있지 않을까? 하는 기대를 가졌을 수 있습니다. 그래서 백씨는 그 성경책에서 혹시나 진리를 찾을 수 있지 않을까? 그 성경책에서 가난에서 벗어날 수 있는 방법을 찾을 수 있지 않을까? 하는 기대를 했을지도 모릅니다. 그래서 백씨는 몰래 그 한문 성경을 구입해 품속에 감춘 채 국경을 넘어 다시 고향으로 돌아간 것입니다.

백씨는 앞서 말한 대로 의주 상인이었는데요. 의주 상인은 조선에서 네 손가락 안에 드는 큰 상인 집단이었습니다. 당시 조선에서 가장 큰 상인 집단은 지금의 서울인 한성에서 활동하는 경상, 그리고 지금의 북한 평양에서 활동하던 송상, 부산에서 활동하던 내상, 그리고 의주를 중심으로 주로 국경 무역에 종사하던 만상입니다. 의주 상인 백씨는 주로 국경 무역에 종사했던 사람이었기 때문에 국제적인 감각이 있는 상인이었을 것입니다. 다른 상인 집단보다 해외 소식을 잘 들을 수 있었고, 진취적이고 개방적인 성향을 가졌습니다.[10] 그래서 더더욱 백씨는 새로운 문물과 새로운 진리를 찾기 위해 서양에서 건너온 성경책이 궁금했을지도 모릅니다.

그렇게 집으로 돌아온 백씨는 그 한문 성경책을 자신의 아들에게 읽어보라고 권합니다. 그의 아들 이름은 백홍준이었습니다.

"홍준아."
"네, 아버지. 하실 말씀이라도 있으십니까?"
"이 책을 한번 읽어보아라."

백홍준은 아버지가 건넨 한문 성경책을 받아들고 놀라지 않을 수 없었을 것입니다.

"아버님 이 책은 위험한 책이 아니옵니까?"
"그래, 누군가에게는 아주 위험한 책이지만, 또다른

---

10 이만열 외, 《대한성서공회사1. 조직·성장과 수난》, 대한성서공회, 1993, p. 31

의주 상인 만상.

누군가에게는 아주 유용한 지혜가 담겨 있는 책일 수도 있단다."

백씨는 먼저 그 책을 읽어보고 아들 홍준에게 권했을 것입니다. 백씨는 그 위험한 책을 왜 자신이 가장 사랑하는 아들에게 읽어보라고 한 것일까요? 아마도 그 한문 성경 속에 담긴 내용이 아들에게 도움이 될 것이라고 생각했기 때문에 읽어보라고 하지 않았을까요?

현재 북한 땅인 의주라는 도시는 지금도 그렇지만 그때에도 중국과 국경을 접하고 있는 국경 도시였습니다. 따라서 당연히 의주 상인들은 국경을 넘나들며 장사를 하는 특별한 사람들이었습니다. 백씨는 그렇게 국경을 넘나들며 물건을 사고파는 사람이었기 때문에 새로운 물건이나 구하기 힘든 책도 남들보다 빠르고 쉽게 구할 수 있는 사람이었습니다. 시대가 너무나 힘들고 흉흉하다 보니, 백씨는 부모로서 아마도 아들인 홍준이 공부를 열심히 해서 잘 살길 바랐을 것입니다.

백씨는 아마도 자주 국경을 오가며 아들 홍준에게 도움이 되는 책들을 발견하면 집으로 가져왔을 것입니다. 그리고 백씨의 아들 홍준은 아버지가 장사를 떠났다 돌아오길 손꼽아 기다렸을 것입니다. 분명 아버지는 아주 재미있고 새로운 책들을 가져다주실 것이 분명했기 때문입니다.

여느 때처럼 아버지는 국경 근처에서 열린 큰 장에서 장사를 하고 돌아오면서 책 몇 권을 가져와 홍준에게 건네주었습니다. 백홍준은 그 가운데 한 책이 생명을 해할 만큼 위험한 것임을 인지했음에도 금지한 책에 대한 왠지 모를 호기심에 성경책을 읽어보기로 합니다.

홍준은 열심히 그 책을 읽기 시작했습니다. 그런데 사실 백홍준이 읽기 시작한 성경책은 지금과 같은 완전한 형태는 아니었습니다. 성경책의 구약과 신약 중에서 한문으로 된 신약 성경과 어린이용으로 제작된 작은 성경 소책자인《훈아진언》을 읽었을 것입니다.

홍준은 한문으로 된 신약 성경을 읽으면서 여태껏 배워온 학문과는 너무나 다르다는 것을 깨닫게 되었습니다. 그가 배워왔고 생각해 왔던 모든 가치 체계와는 정반대의 것이었기 때문입니다. 홍준이 즐겨 읽어왔던 중국의 고전 문학들이나 고서들은 인생에 있어 성공하기 위해서는 전략을 잘 짜고 교묘해야 하며, 전술을 잘 사용해야 한다고 가르쳤습니다. 때론 사람을 속이는 것도 미덕이라고 여겼습니다. 또한 진정한 가르침과 도는 자신의 깨달음과 그 깨달음 안에서 찾아야 한다고 가르쳤습니다.

하지만 아버지로부터 받은 그 성경책에는 인생의 성공이 남보다 더 큰 돈을 벌거나 남보다 더 큰 집을 사고 높은 권력을 갖는 것이 아니라고 설명하고 있었습니다. 가장 높은 사람이 된다는 것은 돈이나 권력을 가진 자가 아니라 사람들을 섬기고 사랑하는 자라고 말하고 있었습니다. 심지어 원수를 사랑하라고 하고, 오른쪽 뺨을 맞으면 왼쪽 뺨도 내밀어 주라고 말하고 있었습니다.

홍준은 혼란스러울 수밖에 없었습니다. 눈에는 눈, 이에는 이로 싸워 이겨야 하는 사회였습니다. 그가 아는 관리들이나 부유한 양반이나 지주들은 대부분 남들을 밟고 올라선 사람들이었고 하인이나 가난한 사람들을 부리는 사람들이었지 섬기거나 도와주는 사람이 아니었기 때문입니다. 그뿐만이 아니었습니다.

'아니 원수를 사랑하라니. 이게 말이 되는 소린가? 어떻게 원수를 사랑할 수가 있어? 또, 오른뺨을 맞고 나면, 나도 한 대 때려야지, 어떻게 왼뺨을 내밀 수가 있어? 아마도 그런 사람은 동네에서 가장 유명한 바보가 될 게 분명해.'

홍준은 자신이 알던 기존의 생각과는 너무나 다른 성경책의 내용에 혼란스러워하면서 깊은 고민과 생각에 잠기게 되었습니다. 하지만 혼란스러운 시대 속에서, 언제 죽을지도 모르는 기근과 싸우던 홍준은 더 이상 이렇게 살고 싶지 않았습니다. 기존의 방법이 아닌 다른 방법으로 살고 싶은 욕망이 많았습니다. 지긋지긋한 가난과 혼돈 속에 사는 것이 아니라 더 큰 세상을 보고 더 큰 꿈을 갖고 싶었습니다.

그런 혼란 속에서 점점 고민이 깊어지던 홍준은 그 고민들을 동네의 친구들과 나누기 시작했습니다. 홍준의 친구들 역시 상인들의 자식들이었고 홍준과 비슷한 생각을 항상 하고 있었기 때문입니다. 홍준은 위험을 감수하고서라도 그 엄청난 가치 파괴의 진리를 친구들과 공유하고 싶었던 것이 아닐까요?

아무튼 백홍준은 친구들과 성경책을 돌려 읽기 시작했습니다. 그리고 그들은 그 성경책 속의 이야기들을 토론하기 시작했습니다.

"나는 도대체 이 내용을 이해할 수가 없어. 너는 원수를 사랑할 수 있어? 우리 재산을 빼앗고 못살게 구는 저 나쁜 관리를 사랑할 수 있겠느냐고."

홍준의 친구 '진기'도 역시 혼란스럽긴 마찬가지였습니다.

"그러게 말야. 그런 나쁜 탐관오리를 사랑하라니. 말이 되는 소린 아니지. 하지만 미워하고 복수한다고 달라지진 않아. 그 미움과 복수심을 버린다면 오히려 나한테 평온함이 찾아올 것 같아."

진기도 듣고 보니, 홍준의 말이 맞는 것 같습니다. 미움과 복수심은 또다른 미움과 복수심을 낳기 마련이니까요.

홍준은 진기에게 또 말합니다.

"하지만 이 책의 내용은 어렵고 이해되지 않는 부분이 있어."

단지 글로 적힌 그 내용들이 홍준과 친구들에게 모두 이해되지 않았습니다. 한문 성경 자체가 이해하기 어려운 것은 아니었습니다. 다만, 기존의 가치와 생각과는 너무나 다른 내용들이었기에 어렵게 느껴졌고 이해하기 쉽지 않았던 것입니다.

그때 홍준이 진기에게 말합니다.

"아버지에게 그 한문 성경책을 건네준 서양 사람을 찾아가 이해되지 않는 부분을 물어보면 그 사람이 알려줄까?"

진기도 생각합니다.

"그럴지도 모르지. 하지만 그 서양 사람을 어떻게 찾을 수 있을까?"

친구 진기의 염려에 홍준은 빙그레 웃었습니다.

"그런 건 걱정 마. 우리가 누구야? 조선 팔도에서 가장 발이 넓은 의주 상인 아니냐?"

홍준은 의주 상인이 가진 네트워크라면 충분히 그 서양 사람을 찾을 수 있다고 생각했던 것입니다.

홍준은 성경책을 건넨 서양 사람 존 로스가 어디에 있는지를 수소문했습니다. 그리고 그가 중국의 큰 항구 도시이자 만주로 들어가는 관문 도시인, 영구(잉커우)라는 도시에 살고 있다는 소식을 알아냅니다. 아마도 뛰어난 국제 상인인 의주 상인들의 네트워크를 동원하지 않았을까요? 당시 이미 의주 상인들은 중국의 북경이나 상해를 비롯해 남쪽의 도시까지도 다닐 정도였으니까요.

그래서 홍준은 친구 '진기'와 함께 국경을 넘어, 아버지에게 그 한문 성경책을 건네주었던 서양 사람 존 로스를 찾아가게 됩니다. 홍준과 진기에게는 구도의 길이었습니다. 진정한 깨달음을 얻기 위해 배움의 길을 떠난 것이었습니다.

존 로스와 토마스

우리 조선에 있는 대부분의 책들은 한자로 쓰여 있습니다。

한자는 중국의 글자입니다。

그리고 그 한자를 읽을 수 있는 사람들은

신분이 높은 양반이나 장사를 하는 중인들뿐이지요。

그럼 신분이 낮은 사람들이나 가난한 사람들、

평범한 백성들은 한자를 읽을 수 없단 말입니까?

당신이 가지고 있는 그 성경책은 한자로 적힌 성경이잖소。

조선의 평범한 백성들은 대부분 그 한문 성경을 읽지 못할 것이오。

왜 읽지 못한다는 말이오?

이유가 뭐요?

당신은 정말 아무것도 모르고 있군요。

존 로스. 그는 도대체 어떤 사람이었으며, 왜 백씨에게 한문 성경을 전해주었을까요? 그리고 그는 도대체 왜, 성경을 한글로 번역할 생각을 했으며, 결국 한글 성경을 출판해서 조선 사람들이 읽을 수 있게 만든 것일까요?

그를 이해하기 위해서는 로버트 저메인 토마스에 대해 이해하는 것이 필요합니다. 토마스는 존 로스와 아주 비슷한 삶을 살았으며 닮은 점들이 너무도 많은 사람이었습니다. 앞에서 말한 1866년 평양으로 가려던 무장상선 제너럴셔먼호 사건 속에 바로 토마스가 있었습니다. 그는 도대체 왜 무장상선을 타고 있었을까요?

영국 런던에 살던, 한 번 결심한 일은 반드시 하고

마는 고집스런 청년 토마스는 1863년 신학 대학교를 졸업하고 결혼을 하자마자 아내와 함께 중국으로 떠납니다. 선교사로 일하기 위해서였습니다.

선교사는 보통, 기독교의 복음을 다른 지역에 전파하는 사람을 말합니다. 직업적으로는 일종의 성직자이자 전도자이지만, 사실 선교사라는 직업은 단순히 종교적인 직업으로만 해석할 수는 없습니다. 왜냐하면, 당시 토마스가 살던 시대의 세계는 16세기부터 유럽에서 본격적으로 시작된 대항해 시대 이후이기에 국제적인 교류가 많은 시기였습니다. 산업 혁명으로 증기기관으로 인한 거대한 기선이 만들어지면서 세계 여행이 본격화되었고, 물건의 대량 생산으로 산업이 많이 발전하면서 국제적인 무역이 본격화되던 시대였습니다.

그런 시대 속에서 서양의 기독교인들은 성경의 복음을 전하기 위해 선교사로 많이 일하기 시작했는데, 선교사들은 단순히 복음을 전하는 일뿐만 아니라 문화적인 교류를 담당하기도 했으며, 당시의 시대상을 기록으로 남기는 역할을 했습니다. 선교사는 보통 낯선 나라에 가서 살거나 심지어 서양인들을 한 번도

보지 못한 그런 나라나 민족, 혹은 부족 속에서 살아야 했으니까요. 아주 특수한 형태의 직업이라고 볼 수 있었습니다. 그렇기 때문에 선교사가 사는 지역에서는 그 지역 사람들의 관심을 받을 수밖에 없었고, 선교사들이 지닌 신기한 물건이나 옷, 그리고 생활방식과 문화는 자연스럽게 전해질 수밖에 없었던 거죠.

그것은 마치 두 개의 다른 색깔이 섞이는 것과 마찬가지입니다. 빨간색 물감만 있는 마을에 파란색 물감이 들어오게 되면 어떻게 될까요? 그 두 물감은 그때에서야 비로소 다른 색의 물감이 존재한다는 사실을 알게 될 것입니다. 뿐만 아니라, 두 색깔이 섞이면 새로운 보라색 물감이 만들어질 수도 있다는 사실을 깨닫게 되는 것이죠.

사실 세상은 그렇게 새로운 것과 새로운 것의 만남 속에서 서로 다름을 발견하고 또다시 그 안에서 새로운 것을 만들어가며 발전해 왔습니다. 그런 급격하게 변하는 융합의 시대 속에서 토마스는 선교사로 일하기 위해 중국으로 간 것이었습니다.

1863년부터 아내와 함께 상해에서 살기 시작한 토마스는 그러나 얼마 지나지 않아 큰 아픔을 겪게 됩니다. 아이를 임신한 아내가 풍토병 때문에 그만 세상을 떠나버린 것입니다. 토마스의 깊은 슬픔은 그가 1864년에 고향인 영국에 보낸 편지에 잘 나타나 있습니다.

> 영국을 떠나 여기서 처음 쓰는 편지가 이런 슬픈 소식이 될 줄 저는 몰랐습니다. 사랑하는 아내 캐롤라인이 세상을 떠나 하늘나라로 갔습니다. 지난달 3월 24일이었습니다. 저는 완전히 힘을 잃고 말았습니다. 이런 편지를 쓰다 보니 도저히 이 슬픔을 참을 수가 없습니다. 저에게 맡겨진 하나님의 일들을 열심히 해야 하지만, 지금 저는 다시 일어날 수 없을 정도로 깊은 절망 속에 빠지고 말았습니다.
>
> -1864년 4월 5일, 토마스[11]

졸지에 가족을 잃고 혼자 남은 토마스는 마음 둘 곳을 찾아 상해를 떠나 중국 산둥반도의 연태라는 도시로 가게 됩니다. 그리고 그곳에서 조선에서 온 천주교 신자들을 만나면서 조선에 대해 알게 됩니다.

---

11 유해석,《토마스 목사전》, 생명의말씀사, 2006, pp. 144-147

1860년대 연태(산둥반도 옌타이 항구).

서양 사람들 그 누구도 들어갈 수 없는 미지의 땅, 그곳이 바로 조선이었습니다. 가족을 잃고 아무런 희망도 없던 토마스에게 아무도 갈 수 없는 조선은 희망이 됐습니다. 토마스에게는 조선에 가서 조선 사람들에게 성경책을 나누어 주고 복음을 전하는 것이 소망이 된 것이었습니다. 그리고 토마스는 즉각 실행에 옮깁니다.

1865년, 토마스는 조선의 서해안 인근을 탐험하려는 한 서양 선박을 타고 서해안 일대를 함께 탐험합니다. 그 과정에서 조선말도 배우고, 한문으로 된 성경을 나누어 주었습니다. 그리고 그 여정에서 돌아온 뒤 그는 중국 북경에서 성경을 가르치는 선생으로 잠시 일하죠. 그런데 그곳에서 번즈(William Chalmers Burns)라는 동료의 소개로 조선에서 온 동지사(冬至使) 일행을 만날 수 있는 기회를 얻게 됩니다.

동지사는 동지라는 절기에 조선에서 중국으로 보내는 사절단이었습니다. 동지는 보통 낮이 가장 짧고 밤이 가장 긴 때를 가리키는 이십사절기 중의 하나로, 이때부터 한 해가 시작된다고 옛날 사람들은 생각했습니다.

지금의 우리나라 사람들에게는 자존심 상하는

일이지만, 조선의 왕은 중국 황제에게 정기적으로 선물을 보내고, 나라에 특별한 일이 있을 때 그 일들을 알리기 위해 사신을 파견했습니다. 그중 동지사는 한 해의 시작이라는 의미를 가진 동지 때마다 정기적으로 중국에 보내는 사절단이었습니다. 그 사절단은 보통 250명 내외로 구성되었고, 500명에 달하는 큰 규모로 인원을 구성해 가기도 했습니다. 황제와 황후 그리고 황태자들에게 줄 선물들은 조선의 귀한 특산품인 모시와 명주, 수달의 가죽 등이었습니다. 동지사 일행에는 다양한 사람들이 있었는데, 조선의 관리에서부터 그 수행원들, 그리고 상인들도 포함되어 있었습니다.

북경에서 토마스는 조선에서 온 그 동지사 일행 중에 박씨라는 상인을 만났습니다. 아마도 토마스가 번즈라는 이름의 동료에게 요청해 소개를 받은 것으로 보여집니다. 아마도 토마스에겐 1년 전 다녀온 조선 여행이 기억에 많이 남았기 때문이지 않았을까요? 그리고 조선 소식을 자세히 듣고 싶었던 것 같습니다. 그런데 토마스는 그 박씨라는 상인으로부터 의외의 이야기를 듣게 됩니다.

박씨는 토마스에게 말했습니다.

"제가 조선에서 야소교 책을 구해서 볼 수 있었는데,
그 책의 내용이 참 좋았습니다."[12]

토마스는 그 이야기를 듣고 박씨에게 물었습니다.

"야소교 책이요? 예수님의 이야기가 담긴 성경책을 말하는 겁니까?"

"맞습니다. 하나님의 아들이라고 불리는 그 예수에 대한 책이지요. 예수가 말한 지혜의 가르침들은 놀라운 것이었습니다."

"그렇지요. 예수님의 가르침은 언제나 우리를 기쁘게 한답니다."

토마스는 박씨와 성경책에 대한 이야기를 나누고, 또 조선에 대한 최신 소식들을 들으면서 다시 조선에 가고 싶은 마음이 커졌습니다. 당시 서양 선교사들에겐 특별한 사명이 있었습니다. 예수님을 모르는 나라의

---

12 1866년 4월 4일자 토마스의 편지; 김명구, 《복음, 성령, 교회》, 예영커뮤니케이션, 2017, p. 57

사람들에게 성경책을 전하고 싶어 했던 것이죠.

1860년대 그즈음은 세계적으로 격변의 시기였는데요. 미국을 예로 들면, 1861년에 시작된 미국 남부와 북부의 전쟁이 1865년이 되어서야 끝난 뒤라 아주 혼란스러운 시대였습니다. 또한 조선에서는 1863년 철종이 죽은 뒤 열두 살의 어린 고종이 새 왕으로 즉위하면서 고종의 아버지였던 흥선대원군이 권력을 잡고 왕권 강화를 위해 경복궁을 재건하고 아무도 조선에 발을 들이지 못하도록 강력한 쇄국정책을 펴던 시기였습니다. 미국과 조선뿐만 아니라, 전 세계는 근대화 산업화를 위한 격변의 진통을 겪고 있었습니다.

전 세계적으로 혼란스러운 격변의 시대, 토마스는 닫혀 있는 조선이라는 미지의 나라에 반드시 가고 싶었습니다. 그래서 주변 사람들의 만류에도 불구하고 한문으로 된 성경책 수백 권을 들고 미국의 무장상선 제너럴셔먼호를 타게 된 것이었습니다. 그리고 성경책을 나눠 주다가 목숨을 잃게 되고 만 것입니다.

앞에서 했던 첫 질문을 다시 상기해 보면, 존 로스는 왜 백씨에게 성경을 전해주었으며, 그는 언제부터 성경을 한글로 번역할 생각을 했을까요? 모든 일에는 원인이 있고 동기가 있습니다. 그럼 존 로스가 조선을 마음에 품고, 조선 사람들이 쉽게 읽을 수 있는 한글 성경을 만들어야겠다고 생각했던 원인과 동기는 무엇일까요? 바로 제너럴셔먼호에 탄 토마스였습니다.

토마스가 제너럴셔먼호와 함께 불에 타 죽은 지 6년이 흐른 후, 스코틀랜드를 떠나 중국에 도착한 존 로스라는 사람이 있었습니다. 그는 이제 중국 어디에서 어떤 사역을 할지를 결정해야만 했습니다. 그리고 그는 당시 몸담고 있던 선교 단체의 선배였던 윌리암슨(Alexander Williamson)으로부터 토마스에 대한 이야기를 듣게 됩니다.

"존, 어떻게 사역지는 정했습니까?"

"아뇨, 아직 정해지지 않았습니다. 중국은 너무나 넓은 곳이고, 어디서 사역을 해야 할지 모르겠습니다."

잠시 고민하던 윌리암슨은 존 로스에게 말했습니다.

"혹시 영구라는 도시로 가면 어떻겠소?"

"영구요?"

"네. 영구는 중국의 오래된 항구 도시이지요. 그리고 아직 많은 사람들이 가보지 못한 광활한 만주 벌판과 조선이라는 미지의 나라로 갈 수 있는 첫 관문과 같은 도시입니다."

존 로스는 윌리암슨에게 말합니다.

"조선에 대해 들은 적이 있습니다. 아직 나라의 문을 열지 않은 아주 폐쇄된 나라라고 들었습니다. 제가 어렸을 때 바실 홀이라는 분이 쓴 조선 항해기를 읽은 적이 있었습니다. 당시 유럽에서 아주 많이 팔린 베스트셀러였는데, 아주 흥미로운 책이었지요. 그 나라의 사람들은 흰 옷을 입고 커다란 갓이라는 이상한 모자를 쓰고 다닌다죠?"

"맞습니다. 그곳에 몰래 들어가려던 많은 사람들이 죽었지요. 천주교 신자들도 8000명 가까이 죽임을 당한 곳입니다. 그리고 나의 소중한 친구였던 토마스도 그곳에 가려다 죽고 말았습니다. 토마스는 조선 사람들에게 성경을 전하려다 목숨을

잃었습니다.”

존 로스는 그 말에 마음이 저려왔습니다.

“성경을 전하려다 목숨을 잃었다니… 마음이 아픕니다.”

그런 존 로스에게 윌리암슨은 계속 이어서 말했습니다.

“그곳 사람들은 아직 하나님에 대해 잘 모르고 있습니다. 하지만 백성들은 너무나 선하고 아름다운 사람들이랍니다.”

윌리암슨의 이야기에 존 로스는 마음이 움직이기 시작했습니다.

“영구라는 도시에 가면 조선 사람들을 만날 수 있습니까?”

그 물음에 윌리암슨은 대답했습니다.

"**물론이지요. 아마 조선의 의주라는 도시에서 온 의주 상인들이 있을 겁니다. 그리고 영구에서는 한 달이면 조선의 국경인 고려문이라는 곳에 도착할 수 있지요. 그곳에 가면 조선 사람들을 더 많이 만날 수 있을 뿐만 아니라, 그들과 이야기를 나눌 수도 있고, 조선이라는 곳을 눈으로 볼 수 있답니다.**"

존 로스의 마음은 이상하게 흥분되기 시작했습니다. 그리고 조선 사람들에게 성경을 전해주려던 토마스의 이야기는 그에게 큰 감동을 주었습니다. 그는 아내 스튜어트에게 토마스에 대한 이야기를 전해주었습니다.

"**여보, 오늘 토마스에 대해 들었어요. 그는 조선 사람들에게 성경을 전하다가 목숨을 잃었다고 하더군요. 토마스의 후임으로 만주 지역과 조선 사람들을 위해 일할 사람이 필요하다고 해요.**"

존 로스의 아내 스튜어트는 의아한 듯 물었습니다.

로버트 저메인 토마스.

존 로스.

"우리는 중국에서 일하기 위해 온 거 아니었어요?"

그 말에 존 로스는 대답합니다.

"만주의 끝, 그 마지막 땅끝에 조선이라는 나라가 있다오. 하나님은 우리에게 땅끝까지 이르러 내 증인이 되라고 하지 않았소? 결국 우리는 조선을 위해 일해야 할지도 몰라요."

"알겠어요. 여보. 저도 열심히 기도해 볼게요. 우리가 토마스의 뒤를 이어 만주와 조선을 위해 일해야 한다면 그렇게 해야죠."

며칠 동안 존 로스와 아내 스튜어트는 함께 열심히 기도했습니다. 그리고 두 사람은 영구라는 도시로 떠나기로 결심하게 되었답니다.

영구에 도착한 존 로스는 도착할 때부터 이미 조선에 대한 마음을 품고 있었고, 결국은 만주의 광활한 벌판을 넘어 조선 사람들을 위해 일해야겠다는 생각을 갖고 있었습니다. 그가 어렸을 때부터 성경을 통해서 배운 것은 지극히 작고 연약한 사람들에게 잘 하는 것이 중요하다는 것이었습니다. 많은 인구가 살고 있고 성경을 자유롭게 읽을 수 있는 중국도 있지만, 존 로스는 결국 언젠가는 성경을 자유롭게 읽을 수 없는 조선을 위해 일하고 싶었습니다. 그래서 그는 영구에 도착해 집을 구하고 중국말을 공부하면서, 머잖아 곧 조선이라는 곳을 눈으로 보고 조선 사람들을 만나기 위해 고려문으로 갈 계획을 세웠습니다.

하지만 고려문으로 향하기 전에, 존 로스는 아내 스튜어트를 병으로 잃는 슬픔을 겪게 됩니다.[13] 영구라는 도시는 항구이기에 바닷바람이 강한 곳이었고 또한 만주의 추위가 혹독한 곳이었습니다. 겨울에는 영하 40도까지 내려가기도 했고, 바다가 어는 도시였습니다. 스튜어트는 임신 중이었는데 영구로 오자마자 그런 추위를 견뎌야 했던 것입니다. 그러다 병을 얻었고 천국으로 떠난 것입니다. 존 로스는 토마스와 같은 슬픔을 겪게 된 것입니다. 그는 슬픈 마음을 놓고 기도했습니다.

13 존 로스, 《중국선교방법론》, 최성일 옮김, 한신대학교출판부, 2003, p. 20

"주님, 제게 왜 이런 시련을 주십니까? 사랑하는 아내를 떠나보내야 하는 제 마음이 너무나 아픕니다. 저는 이제 어떻게 살아야 합니까? 하지만 저는 그럼에도 주님을 의지하겠습니다. 주님을 원망하지 않겠습니다. 주님이 시키시는 일들을 순종하며 하겠습니다."

아내를 잃은 슬픔 속에서 존 로스는 자신이 해야 할 일에 집중했습니다. 그렇게 일에 몰두하는 것이 어쩌면 슬픔을 이기는 방법이었을지도 모릅니다. 다행히 여동생 캐서린(Catherine Sutherland Ross)이 멀리 영국에서 오빠를 찾아왔고, 옆에서 그를 챙겨주기 시작했습니다. 엄마 잃은 어린 자녀들도 돌보기 시작했습니다.

"오빠는 하나님의 일을 해야 해요. 그러니 하나님이 이곳으로 부르셨지요. 제가 옆에서 오빠의 일을 도울게요. 아이들도 걱정 말아요. 제가 잘 공부시키고 돌볼게요"

"고마워 캐서린. 너는 하나님이 내게 보내주신 사람이야."

존 로스는 여동생 캐서린의 도움으로 아내를 잃은 슬픔을 조금씩 극복해 갔고, 일에 집중할 수 있는 시간적인 여유를 갖게 되었습니다. 그의 집중력은 놀라웠고, 6개월 만에 중국어를 잘 구사하여 설교를 할 수 있을 정도가 되었습니다. 언어에 타고난 재능을 갖고 있었기 때문이기도 했지만, 열정을 통해 슬픔을 극복한 것이었습니다.

그리고 그는 중국어에 익숙해지자마자 계획했던 고려문으로의 여행을 떠나게 됩니다. 한 번도 가보지 않았던 새로운 곳으로의 여행은 언제나 우리에게 많은 영감과 비전을 보여주듯이 존 로스도 그런 기대감을 갖고 고려문을 향해 먼 길을 떠났습니다.

고려문에 도착한 존 로스는 양초를 파는 상인으로 위장한 채 조선 사람들에게 성경을 팔려고 했습니다. 하지만 조선에서 온 의주 상인들 대부분은 성경을 사려고 하지 않았습니다. 위험한 책인 성경을 사거나 지니고 있으면 죽을 수도 있었기 때문입니다. 그런데 그 와중에 앞에서 말한 백씨라는 성의 의주 상인을 만나게 됐고 그에게 한문으로 된 성경을 판 것이었습니다.

아마도 존 로스는 백씨와의 그 만남이, 한글

성경을 번역하고 그 한글 성경을 조선 전역에 뿌리게 될 백씨의 아들 백홍준과의 연결점을 만들어 주는 운명적 만남일 줄은 꿈에도 알지 못하고 있었을 겁니다. 언제나 운명적인 만남은 그렇게 소리 없이 찾아오기 마련이니까요.

존 로스는 백씨에게 성경을 판 이후에, 또 한 번 한 달이나 걸리는 거리를 걸어서 고려문을 방문했습니다. 그리고 그곳에서 조선의 의주 상인들을 만나며 조선의 소식도 들었답니다. 그러던 중 그는 아마도 의주 상인들과 다음과 같은 이야기를 나누지 않았을까요? 물론 추측이지만 말입니다.

존 로스가 의주 상인 중의 한 명에게 한문으로 된 성경책을 사라며 건네주었습니다.

"이 성경책을 읽어보지 않겠소? 아주 좋은 이야기들이 많이 담겨 있소이다."

하지만 의주 상인은 손사래를 쳤습니다.

"나는 의주 상인이오. 돈이 되지 않는 장사는 하지

않소이다. 그 책은 조선에서는 아주 위험한 책이오. 그 책 때문에 이미 많은 사람들이 죽임을 당했소이다. 그러니 그 책을 가지고 조선으로 돌아간들, 내가 누구에게 이익을 남기고 팔 수 있겠소?"

"하지만 이 책을 읽어보면 생각이 달라질 거라고 나는 확신하오. 이 성경책은 전 세계에서 가장 많이 팔리는 책이오. 지금은 조선 사람들이 이 성경책을 읽지 않으려 하지만, 언젠가는 조선 어디서나 많은 사람들이 이 책을 읽게 될 것이오."

존 로스도 지지 않고 의주 상인에게 말했습니다. 그러자 의주 상인은 코웃음을 치며 또 대꾸했습니다.

"당신이 가지고 있는 그 성경책은 한자로 적힌 성경이잖소. 조선의 평범한 백성들은 대부분 그 한문 성경을 읽지 못할 것이오."

존 로스는 이유가 궁금했습니다.

"왜 읽지 못한다는 말이오? 이유가 뭐요?"

의주 상인은 어이없어 하며 또 대답합니다.

"당신은 정말 아무것도 모르고 있군요. 우리 조선에 있는 대부분의 책들은 한자로 쓰여 있습니다. 한자는 중국의 글자입니다. 그리고 그 한자를 읽을 수 있는 사람들은 신분이 높은 양반이나 장사를 하는 중인들뿐이지요."

"그럼 신분이 낮은 사람들이나 가난한 사람들, 평범한 백성들은 한자를 읽을 수 없단 말입니까?"

"모두 그런 것은 아니지만 많은 백성들이 한자를 읽을 수가 없소이다. 한자는 뜻글자이기 때문에, 소리 나는 대로 적기가 힘들 뿐만 아니라, 너무나 많은 글자들이 있기 때문에 그것을 다 외우기가 힘든 것입니다."

존 로스는 의주 상인의 말에 안타까울 수밖에 없었을 것입니다. 존 로스의 그런 표정을 보며 의주 상인이 또 말했습니다.

"조선에는 세종대왕이라는 위대한 왕이 계셨소이다. 세종대왕은 조선의 유능한 학자들과 함께 한글이라는

글자를 만드셨소."

"한글이요? 그것은 무엇이오?"

"한글은 조선에서 만든 소리문자이지요. 뜻글자인 한자와는 달리, 세상의 모든 글자들을 다 적고 기록할 수 있는 아주 특별한 문자지요. 뿐만 아니라, 어른 아이 할 것 없이 남자 여자 할 것 없이 누구나 쉽게 배울 수 있습니다."

존 로스는 한글로 된 성경이 있다면 가난하고 힘없는 백성들도 성경을 많이 읽을 수 있을 것이라는 기대가 들기 시작했을 것입니다. 그래서 존 로스는 한문 성경을 파는 일을 잠시 멈추고, 조선의 말, 즉 한글과 우리의 말을 먼저 배우기로 결심하게 되었는지도 모릅니다. 결국 그는 고려문의 장터에서 조선말 선생을 구하게 됩니다.

1876년, 존 로스는 고려문에서 여러 명의 조선 의주 상인들을 만나 조선말을 가르쳐 줄 수 있는지를 물었습니다.

"나는 영구에 살고 있는 존이라고 합니다. 조선말을

배우고 싶은데, 선생님이 되어 내게 조선말을 가르쳐 줄 수 있겠습니까?"

"조선말은 배워 뭘 하려고 하시오?"

"조선말과 글을 배워서 당신 같은 조선 사람들과 이야기도 나누고, 조선의 오랜 전통과 문화도 알고 싶습니다. 월급도 드리겠습니다."

하지만 그 말에, 대부분의 조선 의주 상인들은 경계심 가득한 눈으로 존 로스를 쳐다보며 대답했습니다.

"당신은 조선을 침략하려는 첩자가 아닌지 의심스럽소. 조선말과 글을 배워 조선의 정보를 당신들 나라에 알리려는 것이 아니오?"

"아닙니다. 나는 첩자가 아닙니다. 나는 그저 조선을 더 많이 알고 싶을 뿐이오."

"일 없소이다. 나는 당신의 선생이 되고 싶지 않소이다."

조선 의주 상인은 그만 존 로스를 뒤로한 채 가버렸습니다. 그리고 존 로스는 대부분의 의주 상인들에게 거절을 당할 수밖에 없었습니다. 첩자로 의심해 거절하는 사람도 있었고, 근처에서 감시하는 조선인 관리들의 눈치를 보며 거절하는 사람도 있었습니다. 그는 지쳐갔습니다.

그러던 중 시장이 거의 끝나고 날이 저물 즈음, 그는 새로운 의주 상인 한 명을 만날 수 있었습니다. 그때에는 감시하던 관리들도 집으로 돌아가려고 준비하고 있을 때였기 때문에 존 로스는 그 사람과 조금 더 깊은 이야기를 나눌 수 있었습니다. 그들은 아마도 중국어로 대화를 나눴을 겁니다.

"안녕하십니까? 나는 존이라고 합니다. 조선말을 배우고 싶은데, 선생님이 되어 줄 수 있겠습니까?"

존 로스를 양초 파는 서양 상인으로 알았던 그는 대답했습니다.

"제대로 선생 대접해 줄 수 있소?"

"물론입니다. 선생님으로 모실 수만 있다면 월급을 잘 쳐드리겠습니다."

그는 그 말에 바로 존 로스와 흥정을 시작했습니다.

"얼마나 줄 수 있소?"

"한 달에 넉 냥을 드릴 수 있습니다."

그가 잠시 고민하자, 존 로스 역시도 흥정을 시작합니다.

"내가 찾고 있는 좋은 선생은 중국말과 글도 잘 알아야 합니다. 당신은 어떻습니까?"

그를 떠보는 존 로스의 말에 그는 자존심이 상한 표정을 짓더니 이내 더 유창하게 중국말로 대답했습니다.

"나를 뭘로 보고 그러시오? 나는 보시다시피 중국말을 아주 잘하오. 한문과 한학에도 능통하오."

그의 중국어 실력을 듣고 존 로스는 빙그레 미소를 지으며 되물었습니다.

“나는 중국말은 배우기 싫고 조선말을 배우고 싶습니다. 선생으로 모시겠소이다.”

“좋소이다. 한 달에 넉 냥! 약속을 꼭 지키시오!”

그렇게 한 달에 넉 냥의 월급을 받고 그는 존 로스의 선생이 되기로 결정합니다. 그의 이름은 의주 상인이었던 이응찬이었습니다. 1876년의 일이었습니다.

한글 성경을 위한 씨앗들

사랑 때문이지요。

도대체 당신은 왜 나의 목숨을 구해주었습니까?
왜 내 치료비를 내주고、
나를 간호까지 해주었습니까?
도대체 무엇 때문에
당신은 날 살려 준 것입니까?

존 로스의 한글 선생님이 된 이응찬은, 실제로 한학에 능통한 사람이었고, 중국어도 유창했습니다. 국경 가까운 도시 의주의 상인이었던 이응찬은 대대로 장사를 해온 중인 계급의 사람이었을 것입니다. 때문에 그는 어릴 때부터 중국어와 한문을 열심히 익혔을 것입니다. 당시 양반들처럼 한문을 익혀 관리가 될 수 있는 신분이 아니었기 때문에 그가 중국어와 한문을 공부한 이유는 순전히 장사를 잘하기 위한 수단이었던 것입니다.

사실 존 로스가 이응찬에게 중국의 말과 글을 잘 아느냐고 물었던 것은 흥정을 하기 위해 자존심을 건드리려고 한 것은 아니었습니다. 그에게 조선말 선생님이 중국말과 글을 잘 아는 것은 아주 중요한 일이기 때문이었습니다.

당시에 성경은 한문으로는 번역이 된 상태였습니다. 그 한문 성경을 바탕으로 한글로 된 성경을 번역할 생각이었던 것입니다. 존 로스는 조선에 한글 성경이 필요하다고 생각했습니다. 왜냐하면 한문은 조선의 양반이나 지위가 높은 사람들이나 아는 문자였지만, 한글은 많은 사람들이 쉽게 배울 수 있는 언어였기 때문입니다. 세종대왕이 집현전 학자들과 함께 한글을 만들었지만, 많은 조선의 양반들에게는 환영을 받지 못했습니다. 심지어 아이들과 여자들이나 배우는 언어라고 무시당하기까지 했습니다.

도대체 왜 그런 일이 벌어졌을까요? 나중에 다시 설명하겠지만, 당시 우리나라 조선은 중국의 영향권 안에 있는 힘이 약한 나라였습니다. 나라의 중대사가 있을 때마다, 왕이 바뀔 때마다 중국의 황제에게 보고를 해야 했고, 허락을 받아야 했습니다. 자존심 상하지만 어쩔 수 없는 일이었답니다. 그런데 그런 조선에서 한글이라는 아주 훌륭한 글자가 만들어졌지만 그걸, 대대적으로 홍보해서 사용하기엔 중국의 눈치가 보일 수밖에 없었습니다. 중국은 당연히 한문을 사용했고,

한문이 가장 우수한 문자라고 생각했기 때문입니다.

다시 존 로스의 이야기로 돌아와 보면, 그는 한글로 성경을 번역하면 많은 조선 사람들이 금방 한글을 익혀 읽을 수 있는 장점이 있다고 생각했고, 그걸 실행에 옮기기 위해 조선말을 하고 한글을 잘 아는 선생님이 필요했던 것입니다. 당연히 한문으로 된 성경을 바탕으로 번역해야 했기 때문에 중국말과 글을 아는 것은 선생님의 가장 중요한 요소였을 것입니다. 그런 의미에서 의주 상인이었던 이응찬은 가장 적합한 인물이었습니다.

이응찬에 대해서는 역사적으로 자세히 기록되어 있지는 않지만, 그는 기독교에 대해 호의적이어서 존 로스의 선생님이 된 것은 아니었습니다. 그저 돈이 필요한 사람이었습니다. 그는 소가죽 등을 싣고 압록강을 건너 중국으로 가서 팔 생각을 하고 있던 의주 상인이었습니다. 하지만 압록강을 건너던 중 갑작스런 풍랑을 만나면서 배가 뒤집혔고, 팔려던 물건들을 다 잃어버린 것입니다. 그런 그에게 존 로스가 나타나 선생님 되어 달라는 제안을 했으니, 이응찬에게는 어쩌면 행운을 만난 셈이었을지도 모릅니다. 1876년,

결국 이응찬은 존 로스에게 고용되어 조선말과 글을 가르치는 선생님이 되었습니다.

1876년은 우리 민족에게 아주 큰 사건이 있었던 해이기도 합니다. 조일수호조규(朝日修好條規)라고 불리는 일명 '강화도 조약'이 체결된 해였기 때문입니다. 강화도 조약은 조선과 일본이 맺은 불평등 조약이었습니다. 일본은 메이지 유신을 통해 근대화를 가속화하기 시작했고 군함을 비롯해 근대 신식 무기들을 구입하며 군사력을 키우기 시작했습니다. 강화도 조약은 일본이 근대 무기와 군함을 이끌고 무력으로 조선을 협박했기 때문에 맺을 수밖에 없었던, 일본에 유리한 조약이었는데요. 우리나라 최초의 치욕적인 근대적 조약으로 볼 수 있습니다.

강화도 조약의 내용은, 당시 조선의 가장 큰 항구였던 부산 원산 인천을 개항하고, 일본인들이 자유롭게 무역을 하며 오갈 수 있도록 하는 것이었습니다. 근대 문물을 아직 본 적이 거의 없는 조선의 입장에서, 일본을 통해 많은 서구의 물건들이 들어오면, 가내 수공업 형태의 조선의 경제는 큰 타격을 입을 수밖에 없었습니다.

"앞으로 일본인들이 조선에 와서 장사를 마음대로 한다는 게 사실이오?"

"강화도 조약으로 어쩔 수 없이 그렇게 된다고 하더이다."

"일본인들이 조선에 와서 장사를 한다면, 조선 상인들은 다 굶어 죽게 생긴 게 아니오?"

"그렇게 되겠지요. 일본인들이 서양 물건들을 가져와 팔면 조선 상인들은 다 망할 것입니다. 그러면 결국 조선의 돈은 다 일본인들 차지가 될 것이고, 조선의 경제도 다 무너지지 않겠습니까?"

"어디 그것뿐이겠소? 조선의 경제가 무너지는 것뿐만 아니라, 결국은 일본이 조선을 마음대로 좌지우지할 것이 분명하오."

"그러다 우리 조선이 일본의 속국이 되면 어쩝니까?"

"그러게 말입니다. 이 나라의 미래가 마치 거친 파도 위에 떠 있는 초라하고 작은 배와 같지 않습니까? 정말 큰일입니다."

강화도 조약이 체결된 후 조선 백성들의 걱정은 한두 가지가 아니었습니다. 가장 걱정이었던 사람들은 상인들이었겠죠. 당장 물건을 팔아 돈을 벌어야 하는 상인들 입장에서는 그 일을 다 일본인들에게 빼앗기게 생길 처지였으니 발등에 불이 떨어진 셈이었습니다. 앞으로 어떻게 가족을 부양해 먹고살아야 할지 막막하기만 한 상황이었던 것입니다. 의주 상인 이응찬의 고민 또한 깊었을 것입니다.

강화도 조약은 일본의 경제력과 정치력이 조선에서 커질 수밖에 없는 그런 조약이었습니다. 그리고 실제로 강화도 조약 이후 일본은 치밀한 전략과 함께 지속적으로 조선과 조약을 맺으며, 결국 1910년 경술년에 대한제국으로 이름이 바뀐 조선을 일본에 병합시킵니다. 전 세계에서 우리나라는 사라지고, 이제 일본이 되는… 백성들에게는 치욕적인 순간이 찾아오게 된 것입니다.

다시 1876년 이응찬과 존 로스의 이야기로 돌아가 봅시다. 존 로스는 이응찬의 절대적인 도움 속에서 한글에 관한 첫 책을 펴냅니다. 1877년에 만들어진 한글의 기초 교습서인《코리안 프라이머》[14]였습니다. 조선말을 처음 배우는 사람들에게 필요한 한국어 기초 회화책이었습니다. 기본적인 단어와 문법이 담겨 있었습니다. 이 책은 서양 사람들에게는 최초의 한국어 교본인 셈이었습니다. 재미있는 사실은 한국어 표준어를 배우는 한국어 첫걸음 책이라기보다는 평안도 사투리를 배우는 책이라는 점입니다.

의주 상인 이응찬은 평안도 사투리로 조선말을 하는 사람이었고, 존 로스도 평안도 사투리를 배운 셈입니다. 우리는 여기서 의문을 갖게 됩니다. 도대체 왜 존 로스는 조선의 수도인 한양에서 사용하는 표준말인 서울 말씨를 배우지 않고 평안도 사투리를 배우고 평안도 기초 회화 책을 쓴 것일까요?

그 이유는 나중에 자세히 설명하겠지만, 한글로 성경을 번역한 뒤에 그 한글 성경을 전할 가장 가까운 지역이 중국과 국경을 맞대고 있는 평안도였으며 평안도 지역 사람이었기 때문입니다. 존 로스는 빨리 한글 성경을 만들어 사람들에게 가장 효율적으로 빠르게 읽히고 싶었던 것입니다.

그럼 잠시 존 로스와 이응찬이 만든 한국어 첫걸음

---

14 《코리안 프라이머》(Corean Primer). '한국어 첫걸음'이라고 부르기도 한다. 미국 캘리포니아 대학교 도서관에 보관되어 있다.

《코리안 프라이머》의 내용을 살펴볼까요? 실제로는 지금 우리가 알아볼 수 없는 고어로 적혀 있기 때문에 조금 쉽게 풀어서 살펴봅시다.

내 되션 말 보이고쟈 한다

(나는 조선말을 배우고 싶다.)

네 나를 션생 대졉 하갓너니

(너는 나를 선생 대접 해주겠느냐?)

내 대졉 히올리

(내 대접 해주겠다.)

얼 매나 주갓슴마

(월급을 얼마나 줄 거냐?)

한 달에 넉냥

(한 달에 넉 냥 주겠다.)

됴운 션생은 맛망이 대구말 암머니

(좋은 선생은 마땅히 중국말 안다.)

되션말 보이기 쉽다 돼국말 보이기 얼엽다

(조선말은 배우기 쉽다. 중국말은 배우기 어렵다.)

되션는 네인 꺼지 언역 안다

(조선말은 여자들까지 한글을 한다.)

내 돼국 말 보이기 슬리 내 되션말 잘 하고쟈 한디

(나는 중국말 배우기 싫다. 나는 조선말 잘 하고 싶다.)

션싱 쳥하여 들어오나

(선생으로 모시고 싶다.)[15]

-《코리안 프라이머》 중에서

《코리안 프라이머》가 나오기까지 이응찬의 역할은

15 J. Ross, Corean Primer Lesson 1의 일부; 옥성득, 《첫 사건으로 본 초대 한국교회사》, 짓다, 2016, pp. 45-46 재인용.

COREAN PRIMER,

BEING

LESSONS IN COREAN ON ALL ORDINARY SUBJECTS, TRANSLITERATED ON THE PRINCIPLES OF THE "MANDARIN PRIMER," BY THE SAME AUTHOR.

BY

REV. JOHN ROSS.
NEWCHWANG.

SHANGHAI:
AMERICAN PRESBYTERIAN MISSION PRESS.
MDCCCLXXVII.

6

LESSON I.
LIBRARY.

ne doeshun mal bo-ighojia handa
I Corean words (to) learn want.

nē narul shiungseng dejiup haghannui.
You (for) me teacher engage, will?

ne dejiup ha ōri.
I engage, can.

ulmena deoghaoumma.
How much give him?

han dalē nugh niang.
One moon four taels.

dio-oon shiunshengun matdangi degoogmal ammuni.
Good teacher should Chinese speech know.

doeshun mal boigi soeipda
Corean speech (to) learn easy.

7

de ghoog mal boigi uryupda.
Chinese (to) learn difficult.

doeshunnum nēin gaji unyug anda.
Corean women even Corean letters know.

ne deghoog mal boigi sulta.
I Chinese speech learn don't want.

ne doeshun mal doal haghojia handa.
I Corean speech to be able want (stop).

shiunsheng chiunghoyu duru ōna.
Teacher invite in (to) come.

duru wassum andzushi andzura.
In (he) has come please be seated you sit down (inferior).

piunji handiang sūdsooshi.
Letter one write.

handiangun jinshēro súgo.
One Chinese letter write.

《코리안 프라이머》, 한국어 초급교본.

절대적인 것이었습니다. 이응찬은 좋은 선생님이었습니다. 하지만 그의 역할은 단순히 존 로스의 조선어 선생님이 아니었습니다. 그의 역할은 더욱 크고 중요한 것이었습니다. 이응찬은 존 로스와 함께 한국어 교본인 《코리안 프라이머》를 만든 뒤에 한글 성경 번역 팀의 최초의 조선인이 됩니다.

처음에 이응찬은 돈을 벌기 위해 존 로스의 선생님이 되고 한글 성경을 번역하기 시작했지만 그의 인생은 완전히 변화되기 시작했습니다. 사실 그는 술과 도박을 하는 사람이었습니다. 지금 우리의 시선으로 보면, 안 좋게 생각할 수 있는데요. 당시 조선 대부분의 남자들은 술과 도박에 빠져 살았습니다.

19세기에 조선을 탐험하고 기록한 많은 서양 책들에서 조선 남자들은 할 일 없이 길에 나앉아 담배를 피우고 술을 마시고 도박을 하고 있고, 여자들은 하루 종일 일을 하는 것으로 묘사되어 있습니다. 그만큼 조선 남자들은 일을 할 수 있는 환경이 아니었고 일자리도 없었습니다. 조선이라는 나라의 상황이 그랬던 것입니다. 이응찬 역시도 무기력한 시대 속에서 그런 무기력한 조선 남자였습니다.

그런데 그가 존 로스를 만나면서 성경에 대해 알게 되었습니다. 돈을 벌기 위해 일 때문에 접하게 된 성경을 통해 이응찬은 변화되기 시작합니다. 술과 도박을 끊게 되고, 기독교인으로 세례를 받기에 이릅니다. 또한 서양 사람과 함께 일하며 안정적으로 돈을 벌기 시작하자, 같은 고향 사람들의 질투를 받게 됩니다. 누군가 이응찬이 서양 사람들과 자주 만나며 조선의 상황을 외부에 전하는 간첩 역할을 한다면서 모함하기 시작한 것입니다. 하지만 이응찬은 그 모함 속에서도 성경 번역하는 일을 계속합니다. 1876년 이후 1883년 9월까지 그는 6~7년 동안 한글 성경 번역 작업에 참여하게 됩니다.

하지만 한글로 된 성경을 만드는 일은 아주 방대하고 어려운 일이었기 때문에 존 로스에게는 고민이 생겼습니다. 그리고 그런 고민을 얼마 전 여동생 캐서린과 결혼한 동료 선교사인 매킨타이어(John MacIntyre, 1837~1905)와 나누었습니다.

"한글로 성경을 번역하는 일은 너무나 방대한 일이에요 매제. 더 많은 조선 사람이 필요해요. 하지만 성경

번역에 참여하려는 조선 사람을 찾기가 너무 힘이 들어요.”

매킨타이어는 존 로스보다 나이가 많았지만, 그와 함께 일하며 모든 것을 나누는 소중한 친구였습니다. 때문에 존 로스의 고민을 너무나 잘 알고 있었습니다. 천주교 박해로 인해 조선 사람들이 존 로스 같은 외국 사람들과 대화를 나누는 것조차 조선에서는 감시하고 있었습니다. 무엇보다 외국인과 만나는 조선인들을 중형으로 다스리고 있었기 때문에, 대부분의 조선 사람들은 외국인들과 접촉을 피했습니다.

또한 조선 사람들이 성경을 한글로 번역하기 위해서는 몇 가지 조건이 필요했습니다. 우선 한문과 한글을 잘 알고 있어야 하고, 성경 말씀을 잘 이해할 수 있는 지적 능력이 필요했습니다. 그리고 가장 중요한 한 가지가 더 있는데, 그것은 용기였습니다.

앞서 언급한 것처럼, 당시는 기독교에 대한 인식이 아주 좋지 않은 시대였습니다. 천주교를 믿으면 죽임을 당하는 박해가 있었고, 실제로 많은 교인들이 목숨을 잃었습니다. 때문에 성경을 번역하는 일에 참여하고자

하는 사람은 아주 적었을 뿐더러, 목숨을 내놓고 해야 하는 일이었습니다. 그러니 당연히 사람을 구하기도 쉽지 않았던 것입니다.

존 로스의 걱정에 매킨타이어는 대답했습니다.

"걱정 말아요. 하나님은 우리에게 성경을 번역할 조선 사람들을 분명히 보내주실 거예요."

매킨타이어는 존 로스에게 희망을 주었습니다. 하지만 그 이후에도 오랫동안 성경을 번역할 조선 사람들을 구할 수가 없었습니다. 고려문의 국경에서 열리는 장터에 가서 조선인들을 몰래 만나 많은 돈을 준다고 해도, 모두 고개를 저었습니다.

"미안하지만 안 되겠소이다. 목숨을 내놓고 일을 할 수는 없소. 나에겐 딸린 가족이 너무 많다오."

그렇게 시간이 너무나 빨리 흘러갔고, 이응찬과 함께 성경을 번역하던 일도 진도가 느릴 수밖에 없었습니다. 그러던 중 존 로스는 안식년을 맞아 고향인 영국으로 돌아가게 되었습니다. 하지만 단지 쉬기 위해 돌아간 것이 아니었습니다. 번역에 필요한 돈을 구하기 위해 간 것이었습니다.

성경을 한글로 번역하기 위해서는 사실 많은 돈이 필요했습니다. 조선인 번역자들에게 월급을 지급해야 했고, 번역이 끝나면 그것을 인쇄하기 위한 비용이 필요했습니다. 인쇄하기 위해서는 식자를 떠야 했습니다. 식자는 한글의 자음과 모음을 하나하나 연결해 글자를 만들고, 그 글자들로 문장을 만들고, 그 문장들로 한 페이지를 만들고, 그 페이지를 모아 책으로 엮기 위해 꼭 필요한 금속으로 된 모형입니다. 그런데 한글 식자를 만들 수 있는 곳은 그 당시 일본밖에 없었습니다.

조선은 쇄국정책 때문에 들어갈 수 없었던 상황이었고, 그나마 일본의 요코하마에서 한글 식자를 만들 수 있었습니다. 식자뿐만 아니라, 인쇄기도 필요했고 잉크도 필요했습니다. 하지만 모두 비싼 가격이었기 때문에 많은 돈이 들게 분명했습니다. 존 로스는 한글로 성경을 번역하고 인쇄하기 위해 투자해 줄 투자자와 후원자들이 필요했습니다. 그래서 영국으로 돌아간 것입니다.

그는 영국에 있는 여러 성서공회를 찾아가 투자를 해줄 수 있는지 알아보기 시작했습니다.

"저는 조선이라는 나라에 필요한 한글 성경을 번역하고 인쇄할 계획을 갖고 있습니다. 그러기 위해서는 돈이 필요합니다. 투자를 해주실 수 있습니까?"

하지만 사람들과 기관에서는 투자를 망설일 수밖에 없었습니다. 중국이나 일본처럼 서방에 잘 알려진 나라들이라면 투자를 해줄 의향이 있었지만 조선에 대해서는 들어보지 못한 사람들이 대부분이었기 때문입니다.

"조선? 그 나라는 처음 들어보는데요? 도대체 어디에 있는 나라요?"

존 로스는 조선에 대해 자세히 설명해 주었습니다.

"조선은 중국과 일본 사이에 위치한 나라입니다.

지금은 정책적으로 나라의 문을 닫고 있고, 들어갈 수 없는 곳이지만, 언젠가는 그곳의 문이 열릴 것입니다. 조선은 고요한 아침의 나라입니다. 그곳의 사람들은 선량하고 아름다우며, 품격이 있는 사람들입니다. 그리고 그 나라의 사람들은 자신들의 언어와 문자를 가지고 있습니다."

"정말 자신들의 문자를 갖고 있단 말입니까?"

존 로스의 이야기에 사람들은 신기해했습니다. 왜냐하면 고유한 글자를 가지고 있다는 것은 그 나라의 문화와 지적 수준을 나타내는 것이기 때문입니다.

"네 그렇습니다. 조선에는 한글이라는 고유한 글자가 있습니다. 글자는 자음과 모음으로 되어 있는데 정말 놀라운 것은, 자음과 모음을 조합하면, 세상의 그 어떤 소리도 다 표현할 수 있다는 사실입니다."

존 로스는 어느새 한글 전도사가 되어 한글의 우수성에 대해 설명하기 시작했습니다.

"지금 조선은 중국과 일본 사이에서 나라의 문을 꽁꽁 닫고 있지만, 언젠가는 세계에서 뛰어난 나라 중에 하나가 될 것입니다. 그리고 지금 우리가 번역하는 한글 성경은 그렇게 되기 위해 큰 역할을 하게 될 것입니다. 미국이나 독일, 캐나다, 호주보다 먼저 우리가 한글 성경을 번역해야 합니다. 그렇게 되면 언젠가 문이 열릴 조선에 한글 성경을 많이 보급하고 팔 수 있습니다."

존 로스는 여러 교회를 돌며 후원자들도 모집했습니다.

"조선이라는 나라에 필요한 한글 성경을 번역해야 합니다. 그들은 아직 하나님을 모르고 있습니다. 그들에게 하나님의 사랑을 알려야 합니다. 글자를 모르는 아이들에게는 한글 성경을 통해 한글을 공부시킬 수도 있습니다. 너무 놀라운 일 아닙니까? 그곳 조선의 아이들을 위해 한글 성경을 만드는 데 필요한 돈을 후원해 주십시오."

존 로스는 발이 부르트도록 여러 지역을 다니며, 조선에 대해 설명하고, 그곳에 한글 성경이 필요한 이유를 설명했습니다. 덕분에 아직 충분한 돈은 아니었지만, 그래도 당장 필요한 비용들을 투자받고 후원받을 수 있었습니다.

한편, 존 로스가 투자자와 후원자들을 모집하고 있을 동안 중국 영구 우장의 선교 사무실에 남아 있는 매제 매킨타이어는 존 로스가 남긴 일까지 하며 바쁜 시간들을 보내고 있었습니다. 그리고 하루 빨리 한글 성경을 번역해 줄 조선인들을 보내달라고 열심히 기도했습니다.

그런데 그때 두 명의 조선 사람이 선교 사무실로 찾아왔습니다. 매킨타이어는 무슨 일로 방문했는지를 물었습니다. 그리고 그들의 이야기를 듣고는 놀라워하며 왈칵 눈물을 쏟고 말았습니다.

그 두 명의 조선 사람은 백홍준과 그의 친구 김진기라는 청년들이었습니다.[16] 홍준과 진기는 장장

16 UPMR, Jul. 1. 1880, p. 278; 이덕주, "초기 한글 성서 번역에 관한 연구" 재인용.

한 달이 넘게 걸려서 중국의 항구 도시 영구의 우장에 도착한 것입니다.

홍준은 아버지 백씨에게 한문으로 된 성경을 건넨 존 로스라는 사람을 만나고 싶다고 매킨타이어에게 말했습니다. 그리고 친구 진기와 함께 존 로스를 찾아온 이유를 말하기 시작했습니다. 그 이야기는 놀라운 것이었습니다.

백홍준은 매킨타이어에게 물었습니다.

"존 로스라는 선생을 만나고 싶어 왔습니다. 한 달을 넘게 걸려 이곳에 왔습니다. 물어 물어 이곳에 오면 존 로스 선생을 만날 수 있다고 했습니다. 그분이 이곳에 계십니까?"

매킨타이어는 존 로스를 만날 수 없다는 사실을 알려야 했습니다.

"존 로스 선생은 지금 이곳에 없답니다."

"그럼 어디에 계십니까? 꼭 만나 뵙고 싶습니다."

"존 로스는 영국으로 돌아갔습니다. 아마 1년 후에

돌아올 예정입니다."

"정말 존 로스 선생을 만날 수 없단 말입니까?"

"그렇습니다."

홍준의 표정은 어두워졌습니다. 그 먼 길을 큰맘 먹고 목숨까지 걸고 왔는데, 만날 수 없다니… 홍준의 실망은 이만저만이 아니었습니다.

그런 홍준에게 매킨타이어는 물었습니다.

"그런데 무슨 일로 존 로스를 만나려고 하는 겁니까?"

그 질문에 홍준은 대답했습니다.

"수년 전에 존 로스 선생이 고려문에 간 적이 있을 겁니다. 그곳에서 그분이 저의 아버지에게 책 한 권을 주었지요. 그 책을 갖고 집으로 돌아온 아버지는 그 책을 다 읽으시고는 저에게도 읽어보라고 권하셨습니다. 저는 그 책을 읽고 너무나 큰 감동을 받았습니다. 그 책의 내용은 제게 너무나 놀랍고 새로운 것이었습니다. 제가 생각하던 도(道)와는

완전히 다른 것이었기 때문입니다."

매킨타이어는 홍준의 이야기가 궁금해지기 시작했습니다.

"당신이 아버지로부터 받은 책은 한문 성경이었나요?"

"네 그렇습니다."

"성경의 도가 당신이 생각하던 도와 어떻게 달랐는지 내게 말해줄 수 있겠소?"

매킨타이어는 홍준의 이야기를 더 듣고 싶었습니다. 홍준은 매킨타이어에게 이야기를 계속하기 시작했습니다.

"조선에서는 유교의 가르침을 오랫동안 따라왔소이다. 현재의 인의예지의 도덕적 성품을 중시하지요. 우리는 모두 선한 존재이며, 그 선함을 지키기 위해 노력해야 하는 것이 유교의 가르침이오. 그런데 성경의 가르침은 비슷해 보이나 너무나 다른 것이었소."

"어떻게 달랐습니까?"

매킨타이어는 조선에서 온 백홍준이라는 청년이 어떻게 기독교를 유교와 다르게 느꼈는지가 너무나 궁금했습니다.

"성경 역시도 인의예지를 중시하는 것 같았소이다. 하지만 성경은 지금의 현실도 중요하지만 영원한 삶에 대해 중요하게 이야기하고 있고, 원수를 사랑하라 하고 나를 미워하는 자를 사랑하라 가르치고 있소이다. 처음엔 이해가 되지 않았소. 어떻게 원수를 사랑하고 나를 미워하는 자를 사랑할 수 있단 말이오? 그런데 영원한 삶을 이해하고 나니 원수를 사랑할 수 있을 것 같았고, 나를 미워하는 자를 사랑할 수 있을 것 같았소. 나는 죄인이라는 것을 깨닫게 되었단 말이오."

매킨타이어는 생각했습니다. 백홍준이라는 이 청년은 성경을 비교적 잘 이해하고 있었으며, 유교와의 다른 점도 명확히 이해하고 있다고.

홍준은 계속 말을 이어갔습니다.

"처음에 나는, 요한복음의 간음한 여인에 대한 이야기를 이해할 수가 없었소이다. 유교에서는 간음한 여인은 죽어 마땅한 존재입니다. 더군다나 남존여비 사상이 있는 유교에서 여인은 더 낮고 천한 존재이지요. 그런데 예수는 그 여인을 돌로 쳐 죽이려는 자들에게 호통을 쳤습니다. 너희 중에 죄 없는 자가 이 여자를 돌로 쳐라!"

홍준은 아직도 그 장면의 감동이 밀려오는 듯 목소리가 떨리기 시작했습니다.

"그러자 여자를 돌로 쳐 죽이려던 사람들이 그 자리를 모두 떠났지요. 그때 예수가 여자에게 말했소. 나도 그대의 죄를 묻지 않을 것이니, 다시는 죄를 범하지 마시오."

홍준은 요한복음 8장에 나오는 간음한 여인에 관한 말씀을 이야기하고 있었습니다. 죄를 지은 사람은 죽어 마땅하고, 그 죄를 반드시 물어야 한다는 당시 사고방식과 달리, 용서와 관용에 대한 말씀이 홍준의 마음속에 깊이 들어왔던 것입니다.

"성경의 이야기는 내가 여태껏 배워온 학문과는 너무나 다른 것이었소. 나는 이 새로운 도를 깨우치고 싶어 존 로스 선생을 찾아온 것입니다. 존 로스 선생에게 가르침을 받고 싶소이다. 그래서 나는 진정한 깨달음을 얻고 싶습니다."

홍준은 간절한 표정이었습니다. 홍준을 따라 온 그의 친구 진기 역시도 진지한 눈빛이었습니다. 두 친구는 조선의 의주에서 성경을 함께 읽으며 많은 이야기를 이미 나누었고, 토론을 했다고 말했습니다.

존 로스를 만나 도를 배우고 싶다는 홍준과 진기의 말에, 매킨타이어는 놀랄 수밖에 없었습니다. 수년 전 고려문에서 누군지도 모르는 조선 의주 상인 백씨에게 존 로스가 건넨 한문 성경이 그 아들 홍준에게 전해졌고, 홍준은 그 성경을 친구와 함께 읽고 큰 감동을 받고는, 그 성경의 진리와 도를 배우고 싶어 먼 길을 떠나온 것이었습니다.

"성경은 실로 살아 있는 하나님의 말씀이 분명합니다. 한 사람의 인생을 바꾸고, 그 주변 사람들의 인생까지도 바꾸는 놀라운 책이기 때문입니다."

매킨타이어는 홍준과 진기에게, 존 로스는 한참 뒤에 돌아오지만, 성경의 진리와 도를 배울 수 있다고 말해 주었습니다. 그리고 중국인들과 함께 하는 성경 공부 모임에 들어갈 수 있도록 해주었습니다.

홍준과 진기는 열심히 성경을 공부했습니다. 매킨타이어는 존 로스 대신에 그들에게 좋은 스승이 되어 주었고, 그들은 이전보다 더욱더 성경의 도에 매혹되어 갔습니다.

그러던 어느 날 홍준과 진기가 매킨타이어에게 한 가지 부탁을 하기에 이르렀습니다.

"매킨타이어 선생님. 우리는 이제 기독교 신자가 되고 싶습니다. 우리에게 하나님의 자녀가 되는 영광을 허락해 주십시오."

매킨타이어는 홍준과 진기의 말이 무슨 뜻인지

알고 있었습니다. 신자가 되고 싶다는 말은 세례를 받고 교인이 되겠다는 의미였습니다. 매킨타이어는 고민이 되었습니다. 홍준과 진기에게 세례를 주어야 할지 말아야 할지를 말입니다. 왜냐하면, 당시에 세례를 받는다는 의미는 죽음을 각오하는 일이었기 때문입니다. 앞에 말했듯이 서양인과 접촉만 해도 죽임을 당할 수 있는 상황에서, 세례를 받겠다는 건 지금 내가 죽어도 괜찮다는 굳은 다짐이었기 때문입니다. 그래서 너무나 중요한 결정이기에 매킨타이어는 둘의 마음을 진심으로 확인해야 할 필요가 있었습니다.

복음을 듣고 복음의 사람이 되고자 하는 것은 선교사인 매킨타이어에게는 너무나 감사하고 기쁜 일이었습니다. 하지만 당시 조선의 상황을 너무나 잘 알고 있기에 자칫 홍준과 진기가 의욕만 앞세워 섣부른 판단을 하는 것은 아닌지 염려가 되었던 것입니다.

"정말 세례를 받고 싶은 거요?"

홍준과 진기는 대답했습니다.

"네. 저희는 정말로 세례를 받고 싶습니다."

"그렇다면, 지금 당장 그대들의 고향으로 돌아가, 부모님께 세례를 받아도 좋다는 허락을 받아 오시오."[17]

"지금 당장이요?"

"그렇소. 지금 당장."

홍준과 진기가 머무르고 있는 중국 영구시의 우장은 만주 땅에 있었습니다. 그곳에서 조선의 의주까지 가려면, 광활한 만주 벌판을 다시 건너야 했습니다. 그런데 가장 큰 문제는 1월이라는 점이었습니다. 만주의 1월은 칼바람으로 유명했습니다. 가장 추운 지역이었고 영하 40도까지 떨어지는 동토였습니다. 가장 추운 계절, 가장 추운 지역을 뚫고 고향에 다녀오라는 것이었습니다.

홍준의 친구인 진기가 먼저 고향으로 향했습니다. 진기는 1월의 칼바람과 추위를 뚫고 만주 대륙을 지나 고향 의주로 갔습니다. 그리고 끝내 부모님의 허락을 받고 돌아왔습니다. 매킨타이어는 진기의 행동에 더

---

17 이만열 외, 《대한성서공회사1. 조직·성장과 수난》, 대한성서공회, 1993, p. 39

이상 할 말이 없었습니다. 그의 바람대로 매킨타이어는 진기에게 세례를 주었습니다.

그렇게 백홍준의 친구인 김진기는 개신교 기독교인으로 세례를 받았고, 그는 조선 최초의 개신교 세례 교인이 되었습니다. 그리고 김진기를 중국까지 데리고 온 백홍준도 두 번째로 부모님의 허락을 받고 돌아와 세례를 받고 두 번째 세례 교인이 되었습니다.[18]

백홍준과 김진기가 만주의 눈보라를 뚫고 왕복한 거리는 대략 600킬로미터 정도였습니다. 서울에서 부산 거리보다 먼 거리였습니다. 많은 산과 강을 넘어가야 했고, 교통사정이 좋지 않아 온전히 걸어서 왕복해야 하는 거리였습니다. 하루 8시간씩 걷는다고 해도 왕복 30일 이상이 걸리는 거리였습니다. 손발이 꽁꽁 얼어갔고, 얼굴은 칼바람에 아팠을 겁니다. 살을 에는 추위를 뚫고 걸으며 그들은 어떤 생각을 했을까요?

'성경 속의 예수는 도대체 왜 십자가를 지고 골고다 언덕에서 죽었을까?' 홍준과 진기는 그것이

18 옥성득의《첫 사건으로 본 초대 한국교회사》에는 첫 세례자가 '김진기로 알려져 있음'이라고 명시하고 있다.

궁금했습니다. 하나님의 아들이라면 위대한 능력을 발휘해 나쁜 놈들을 혼내주고 자신이 누구인지 증명할 수 있지 않았을까? 그런데도 왜 예수는 바보처럼 아무런 저항조차 하지 않고 그 고통을 감당했을까?

그런 수없이 많은 질문들 속에서 홍준과 진기가 어렴풋이나마 성경 속에서 찾은 해답은 영원한 생명과 영원한 삶에 대한 것이었습니다. 그리고 자연스럽게 그들은 예수를 구원자로 받아들였습니다. 지금의 고통스러운 시대와 상황 속에서 자신을 구원해 줄 구원자로 받아들였습니다.

세례를 받은 백홍준과 김진기에게 매킨타이어는 한 가지 제안을 했습니다.

"그대들에게 제안하고 싶은 것이 있습니다. 여러분의 나라인 조선에는 아주 뛰어난 한글이라는 글자가 있지요? 그 한글로 된 성경을 만들 사람들이 더 많이 필요하답니다. 두 분이 그 일에 동참해 줄 수 있겠습니까?"

백홍준과 김진기의 대답은 무엇이었을까요?

"한글로 된 성경이 있다면, 조선의 많은 사람들이 성경을 읽을 수 있게 될 겁니다. 한글은 아주 쉬운 글자이기 때문에 여자들과 어린 아이들과 신분이 낮은 사람들도 분명 성경을 읽을 수 있을 겁니다. 우리가 왜 그 일을 마다하겠습니까? 감사합니다. 우리에게 그런 중요한 일을 맡겨주셔서요."

백홍준과 김진기는 기쁜 마음으로 한글 성경 번역 작업에 참여하게 되었습니다. 1879년 즈음의 일이었습니다. 수년 전 고려문에서 스치는 듯했던 존 로스와 백씨의 만남이 그 아들을 통해 한글 성경 번역 작업의 작은 불씨가 된 셈이었습니다.

이렇듯 어떤 한 날 어떤 짧은 만남 역시도 우리가 예상할 수 없는 일들이 되기도 합니다. 우리는 그것을 다른 말로 운명이라고 부르기도 하죠. 고려문에서의 그 만남은 운명적인 만남이었습니다. 그리고 백씨의 이름은 역사에 기록되어 있지 않지만 그의 아들 백홍준과 그의 친구 김진기 이름은 역사에 기록되어 있습니다. 그들은 한글 성경 번역 작업을 함께 한 중심인물이었습니다. 특히, 백홍준은 평생을 바쳐 자신이 번역에 참여한 한글 성경을 조선 전역에 전하는 사람으로 살았습니다. 그는 한국 최초의 권서인이었습니다. 권서인은 성경을 전하는 사람을 말합니다. 또한 백홍준은 한국 최초의 개신교회 장로가 되었답니다.

이응찬, 백홍준, 김진기 이외에 또 한 명의 의주 상인이 있었습니다. 서상륜이라는 사람이었습니다. 서상륜은 양반 가문 출신이었습니다. 하지만 열세 살에 부모를 잃고 졸지에 가장이 되었습니다. 풍전등화의 시대 속에서 가문은 몰락했고 가난한 삶을 살아야 했습니다.

당시 몰락한 양반들은 양반 체면에 신분이 낮은 사람이나 하는 일을 하기도 쉽지 않았습니다. 하지만 서상륜은 동생을 돌봐야 했기에 그런 체면을 따지지 않기로 작정했습니다. 그리고 할 수 있는 일을 찾다가 홍삼 파는 일을 하기 시작했습니다. 상륜은 동생 경조에게 중국으로 가서 홍삼을 팔고 오겠다고 말했습니다.

"경조야. 이 어지러운 세상에서 우리가 살 수 있는 길을 찾아야겠다. 이러다가는 굶어 죽고 말겠어."

"형님. 하지만 우리가 할 수 있는 일이 이 조선 땅에는

더 이상 없습니다. 양반 출신인 우리에게 누구도 일을 맡기려고 하지 않습니다. 어떤 일을 해서 돈을 벌 수 있단 말입니까?"

"내 주변의 의주 상인들과 이야기를 나눠보니, 나처럼 중국말을 할 수 있는 사람을 찾고 있더구나."

"형님이야 한문에 능통한 한학자가 아닙니까? 중국말도 잘하시구요."

양반이었던 상륜은 비록 가난하지만 뛰어난 한학자였습니다. 한문과 서예에 능통했고, 의주라는 국경 도시의 특성상 중국말도 잘하는 편이었습니다. 또한 상륜은 품격이 있는 사람이었습니다. 오랫동안 도덕경을 읽어왔기 때문에 지혜가 뛰어났으며, 담대한 성품을 갖고 있었습니다. 의주 상인들이 보기에도, 상륜은 뛰어난 자질을 이미 갖추고 있는 사람이었습니다. 하지만 양반들은 중인이었던 의주 상인들이 하는 장사일을 하지 않으려고 했기 때문에 상륜에게 조심스럽게 물었던 것입니다. 같이 일을 할 수 있는지 말입니다. 다행히 상륜은 고리타분한 생각에 빠져 있지 않았습니다. 그는 양반이었지만, 이미 세상이 변해가고 있다는 사실을 깨닫고 있었고, 가족을 위해 어떤 일도 감당할 마음이 있었습니다.

"경조야, 의주 상인들이 내게 그러더구나. 조선의 특산품인 홍삼을 중국에서 팔면 큰돈을 벌 수 있다는구나."

"하지만 형님, 저희에게는 홍삼을 살 돈이 없잖습니까?"

"상인들이 그 비용을 미리 대준다고 하더구나. 외상으로 구입한 홍삼을 중국에서 팔고 돌아오면, 그때 홍삼을 구입한 비용을 지불해도 된다고 했어."

좋은 성품을 갖고 있던 상륜이 돈을 떼어 먹거나 배신을 하지 않을 것이라고 의주 상인들은 믿었던 것입니다. 결국 상륜은 홍삼을 받아 들고 중국으로 먼 길을 떠났습니다. 그의 행선지는 만주의 시작점인 중국 영구, 즉 잉커우였습니다.

영구는 당시 중국에서 큰 무역항이었습니다. 중국인들뿐만이 아니라 많은 서양 사람들이 모여 있는 곳이었습니다. 때문에 조계지라고 하는 서양 사람들의 집단 주거지도 있었고, 동양의 물건들을 구입하려는 서양인들 또한 많았습니다. 상륜은 큰 기대를 품고 영구로 향했습니다.

하지만 그의 기대는 곧 무너지고 말았습니다. 더운 계절, 중국 음식도 잘 맞지 않았기에 먼 길을 가던 그는 도중에 극심한 장티푸스에 걸리고 말았습니다. 항생제가 있는 지금이야 장티푸스는 금방 낫는 병이지만, 당시에는 아주 무서운 병이었습니다. 한 여름에 걸리는 병으로, 살모넬라와 같은 무서운 세균에 감염되는 병입니다. 일단 걸리면 보름 넘게 고열과 복통에 시달려야 했습니다. 그렇게 오랜 기간의 고열과 복통에 시달리다 보면 면역력이 떨어질 수밖에 없고, 결국 죽음에 이르는 무서운 병이었습니다.

상륜은 그 무서운 장티푸스에 걸리고 만 겁니다. 가족을 먹여 살리기 위해 머나먼 중국까지 와서 홍삼을 팔려던 상륜은 결국 죽어가고 있었습니다. 그런데 상륜은 그 죽어가는 와중에 한 서양 사람을 만나 도움을 받게 됩니다. 그 서양 사람은 바로 놀랍게도 매킨타이어 선교사였습니다. 매킨타이어 선교사는 죽어가는 상륜을 병원으로 옮겨 치료를 받을 수 있도록 했고, 병이 나을 때까지 간호해 주었습니다. 그렇게 상륜은 매킨타이어의 도움으로 목숨도 건지고 건강을 조금씩 회복해 갈 수 있었습니다.

어떻게 상륜이 매킨타이어 선교사를 만나 도움을 받을 수 있었을까요? 도대체 어떻게 그런 일이 있을 수 있었을까요? 사실, 두 사람이 어떻게 만나게 되었는지는 역사에 기록되어 있지 않습니다. 하지만 우리는 추측해 볼 수 있습니다.

매킨타이어가 살고 있던 동네는 서양인들이 많이 모여 사는 조계지라는 항구 근처였습니다. 바로 뒤엔 유명한 '요하'라는 강이 흐르고 있었습니다. 요하는 요동과 요서 지방을 나누는 경계이기도 합니다. 무역의 중심지이기도 했습니다. 때문에 많은 상인들이 물건을 팔기 위해, 또는 세상의 소식을 듣기 위해 몰려드는 유명한 도시였습니다. 상륜은 그곳에 간 것입니다. 그곳에는 비교적 많은 조선 상인들이 있었습니다. 통계에 의하면 1년 동안 약 900명 정도의 조선 사람들이 오갔다는 기록이 있습니다. 그러니 상륜이 장티푸스에 걸렸다는 소식은 그 동네의 조선 사람들에게 빠른 속도로 퍼졌을 것이고, 의주에서 온 같은 고향의 사람들은 상륜을 도와주기 위해 애를 썼을 것입니다. 그리고 그 소식은 선교사였던 매킨타이어의 귀에도 들어갔을 것입니다. 왜냐하면, 매킨타이어의 관심은 조선에 있었고, 조선을 위해 조선말로 된 성경을 번역하고 있었으니까요. 매킨타이어는 그래서 상륜을 만나 그를 도울 수 있었던 것입니다.

"매킨타이어 선생님, 저희 고향에서 온 상륜이라는 친구가 있는데, 지금 장티푸스에 걸려 죽어가고 있습니다. 제발 도와주십시오."

매킨타이어의 직업은 선교사였기 때문에, 상륜을 도와주었습니다. 그리고 상륜은 죽음의 목전에서 살아났습니다. 하지만 매킨타이어는 상륜에게 아무것도 요구하지 않았습니다. 내가 너의 목숨을 구해주었으니 돈을 내라고 하지도 않았고, 은혜를 갚으라고 하지도 않았고, 한글로 성경을 번역하는 팀에 들어와 달라고 부탁하시도 않있습니다. 그런데 상륜은 너무나 궁금했습니다.

"도대체 당신은 왜 나의 목숨을 구해주었습니까? 왜 내 치료비를 내주고, 나를 간호까지 해주었습니까?"

상륜은 도저히 매킨타이어를 이해할 수 없었습니다. 조선 사람들은 마음에 정이 있어 서로를 돕는 민족이지만, 서양 사람들은 이기적이고 개인주의적인 사람들이라고 들었기 때문이었습니다. 절대로 서양 사람들은 손해가 가는 일은 하지 않는다고 상륜은 들어왔습니다. 그뿐만 아니라, 당시는 너무나 어렵고 각박한 시대였습니다.

'지금 당장 내 가족이 먹을 것도 구하기 어려운 시대에, 도대체 이 서양인은 왜 나를 먹이고 치료하고 도와준 것일까?'

상륜은 그것이 너무도 궁금했습니다. 보아하니, 매킨타이어라는 선교사는 부자같아 보이지도 않았습니다.

상륜은 다시 매킨타이어에게 물었습니다.

"도대체 당신은 무엇 때문에 날 살려준 것입니까?"

상륜의 질문에 매킨타이어는 빙그레 웃으며 대답했습니다.

"사랑 때문이지요."
"사랑?"

상륜은 그 대답에 더욱 복잡해졌습니다. 사랑? 사랑 때문에 날 구했다고?

"예수님은 우리를 사랑하셔서 그분의 목숨을 기꺼이 내어주셨습니다. 그래서 죄인인 우리를 대신해 십자가에 못 박혀 죽으셨습니다. 나는 그분을 사랑합니다. 그래서 나도 그분처럼 살아가고 싶은 사람입니다. 그래서 나는 당신을 도와주었습니다. 그분이 우리를 사랑하셔서 우리를 영원한 생명으로 구해주셨듯이, 나도 당신을 사랑하기 때문에 당신을 구해준 것입니다."

상륜은 그의 말을 듣고 궁금해졌습니다.

"도대체 그 예수라는 사람은 어떻게 만날 수 있습니까?"

매킨타이어는 대답합니다.

"그분은 사람으로 오셨지만, 사실은 온 우주와 세상을 창조하신 하나님의 아들이지요. 그분은 이미 오래전에 십자가에 못 박혀 돌아가셨습니다."

상륜은 실망할 수밖에 없었습니다. 예수라는 하나님의 아들을 만날 수 있다면 좋을텐데, 이미 죽어버렸다니 말입니다. 하지만 매킨타이어는 다시 온화하고 인자한 얼굴로 상륜에게 말했습니다.

"하지만 그분을 만날 수 있습니다."

"어떻게 만난단 말입니까? 이미 십자가에 못 박혀 죽었다 하지 않았습니까?"

"그분의 육신은 죽었지만, 그분은 여전히 살아계십니다. 그리고 말씀으로 우리 가운데 여전히

계십니다."

"말씀으로 살아계신다구요?"

매킨타이어는 가방에서 성경을 한 권 꺼내어 상륜에게 건네주었습니다.

"이것은 성경이라는 것이오. 이 성경 안에, 예수님이 살아계십니다. 그리고 나는 그분이 날 조건 없이 사랑해 주셨듯이 당신을 사랑합니다. 당신은 아주 존귀한 존재랍니다."

상륜은 매킨타이어가 떠난 뒤에 그가 건네준 성경책을 읽기 시작했습니다. 한학에 능통했던 상륜은 한문으로 된 성경을 금방 쉽게 읽을 수 있었습니다. 성경의 내용은 상륜을 매혹시킨 정도가 아니었습니다. 그가 오랫동안 읽어왔던 공자와 노자의 책들에서는 찾을 수 없는 영원한 생명에 관한 내용이었습니다. 예절과 규범, 국가가 가장 중요한 우선이었던 유교적 가르침과는 달리, 성경은 사랑을 강조하고 있었습니다. 상륜은 그 조건 없는 사랑에 감동되었습니다. 그리고 그는 자신이 읽은 그 성경을 조선의 많은 사람들이 읽었으면 좋겠다는 소망을 갖게 되었습니다.

서상륜은 자연스럽게 한글 성경 번역 일에 함께 하게 되었습니다. 그리고 자신이 번역한 한글 성경을 조선 전역을 돌아다니며 전하는 사람으로 평생 살아가게 되었습니다.

앞서 이야기한 이응찬, 그리고 백홍준과 김진기, 그리고 서상륜. 이들은 모두 어려운 시대 속에서 한줄기 희망을 찾기를 간절히 바랐던 사람들이었습니다. 그리고 성경을 통해 인생이 변화된 사람들이었습니다. 그리고 그런 삶을 살게 된 사람들은 위의 네 명의 사람들뿐만 아니라 수없이 많았습니다.

그들과 함께, 혹은 그들 이후에 한글 성경 번역 작업에 참여한 조선 사람은 수십 명이 넘었습니다. 하지만 그들의 이름은 모두 기록되어 있지 않습니다. 왜일까요?

당시의 기록들은 대부분 서양 선교사들이 고국에 보내는 선교 보고서, 일종의 선교 편지에 적힌 내용들입니다. 이응찬, 백홍준, 김진기, 서상륜 등의 이름은 선교 편지에 적혀 있습니다. 하지만 그 외에 한글

초기 성경 번역자들(왼쪽부터 백홍준, 서상륜, 최명오).

출처: 대한성서공회

성경 번역에 참여한 수십 명의 조선 사람들의 이름은 왜 정확히 기록되어 있지 않을까요?

앞에서 여러 번 언급했지만, 당시는 서양 사람을 만나거나 함께 일을 하는 것만으로도 큰 위험을 감수해야 하는 시대였습니다. 흥선대원군의 쇄국정책과 천주교 박해로 인해 이미 너무도 많은 사람들이 목숨을 잃었습니다. 그런 상황 속에서, 누군가 볼 수 있는 문서에 조선인의 이름을 넣는 것은 그 사람을 위험에 빠트릴 수도 있는 일이었습니다. 때문에 서양 선교사들은 보고서나 여러 문서에 조선인들의 이름을 구체적으로 기록하지 않았습니다. 한글 성경 번역에 참여한 조선인들을 보호해 주기 위해서였습니다. 그렇게 빛도 없이 이름도 없이 많은 조선 사람들이 한글 성경 번역에 참여했지만 기록되지 않았던 것입니다.

성경 속의
하나님을 한글로
어떻게 번역하지?

우리는 그것을 목표로 하지 않습니다。
러 많은 사람들이 읽게 되길 바랍니다。

우리는 이 한글 성경이
소수의 지식인들이나 양반들만을 위한
그런 책이 되지 않길 바랍니다.

성경을 한글로 번역하는 일은 문자를 다른 문자로 바꾸는 단순한 작업은 아닙니다. 그것은 다른 문화의 언어로 바꾸는 작업이기 때문에 고려해야 할 사항들이 너무도 많은 고난이도의 작업이었습니다. 한글을 사용하는 사람들의 전통과 관습, 그리고 언어적인 습관뿐만 아니라, 사회적 문화적 역사적 환경 등, 모든 것이 고려되어야 하는 작업이었습니다.

예를 들어 성경의 원문이나 한문으로 번역된 성경에는 존댓말이 존재하지 않습니다. 하지만 한글로 성경을 번역하는 과정에서는 존댓말이 적용되었습니다. 제자들은 예수님께 존칭을 사용합니다. 반대로 예수님은 제자들에게 권위가 있는 어법으로 말씀합니다. 당시 유교적인 사상 안에서 예를 중시하던 조선 사회에 맞춰

윗사람과 아랫사람의 구분이 반영된 것입니다.

또 다른 예로는 빵을 들 수 있습니다. 성경에 나오는 빵을 무엇이라고 번역해야 했을까요? 당시 조선에는 밥이 주식이었고 당연히 빵집도 없었기 때문에 빵을 먹어본 사람이 거의 없었을 겁니다. 그렇다고 조선 사람들의 주식인 밥으로 빵을 번역하지도 않았습니다. 대신 잔칫날처럼 특별한 날 먹는 떡으로 번역함으로써 귀한 느낌을 전달하려고 했던 겁니다.

성경 속에 등장하는 올리브나무의 경우는 어떨까요? 올리브나무의 경우는 조금 다릅니다. 역시 조선에는 올리브나무가 존재하지 않았고 사람들은 올리브나무가 어떻게 생겼는지조차 알 수 없었습니다. 하지만 한글 성경이 나오기 전에 이미 한문 성경에서는 올리브나무를 감람나무로 번역했습니다. 중국의 감람나무는 올리브나무와 비슷하게 생겼기 때문에 이해하기 쉽도록 그렇게 번역한 것이었습니다. 한글 성경 번역 과정에서도 이를 그대로 가져와서 올리브나무를 감람나무로 번역한 것입니다.

자, 그런데 말입니다. 최초로 한글 성경을 번역해야 하는 성경 번역팀에 큰 문제가 생겼습니다. 뭐 사실 큰 문제라고 할 것까진 없고, 아주 중요한 결정을 반드시 해야 했습니다.

"도대체 하나님을 어떻게 번역해야 할까요?"

바로 그 질문이었습니다. 당시 영어 성경에는 여호와 혹은 갓(GOD)으로 번역되어 있었습니다. 중국의 한문 성경에는 상제(上帝)라고 기록되어 있었습니다.

한문 성경을 번역한 마테오 리치는 성경의 유일신을 상제로 번역했는데 그 이유가 분명히 있었습니다. 마테오 리치는 유교의 여러 고전 책에서 유일신을 상제로 기록한 것을 참고했습니다.[19] 성경의 최고 유일신인 엘로힘을 상제로 번역하는 것이 중국 사람들이 이해하기 쉽다고 생각해 그렇게 번역한 것이었습니다. 또 다른 유교 책에는 상제 대신 천주(天主)로 사용하기도 했는데 천주라는 단어를 상제와 동일한 뜻으로 생각하여 혼용해서 사용했습니다.

그런데 중국에서 사용하던 유일신이라는

---

19 옥성득, 《다시 쓰는 초대 한국교회사》, 새물결플러스, 2016, p. 452

개념을 상제 혹은 천주로 하다 보니, 혼동이 생기기 시작했습니다. 사실 상제와 천주는 의미가 비슷하긴 하지만 완전히 다른 뜻이었기 때문입니다. 상제는 말 그대로 가장 높은 곳에 있는 제왕이라는 의미를 갖고 있고, 천주는 하늘의 주인이라는 뜻을 갖고 있습니다. 높은 곳의 제왕과 하늘의 주인은 완전히 다른 개념으로 신을 바라보고 있기 때문에 논쟁이 생겨났습니다.

"성경 속의 유일신을 상제로 써야 합니다. 왜냐하면 온 우주 만물과 생명을 가진 모든 것들 중에 가장 높은 곳에 계신 왕이라는 의미이기 때문입니다. 그분은 가장 높은 곳의 왕이십니다."

그에 관해 반대 의견도 있었습니다.

"성경 속의 유일신은 천주로 써야 합니다. 그분은 하늘의 주인이기 때문입니다."

"천주라는 말은 잘못된 말입니다. 우리에게 계급이라는 것이 있소이다. 왕과 신하가 있고, 신분이 높은 사람과 낮은 사람이 있지요. 성경 속의 유일신은 가장 신분이

높은 분이 아닙니까? 그러니 가장 높은 곳의 가장 신분이 높다는 의미의 상제가 맞는 말입니다."

하지만 반대 의견도 만만치 않았습니다.

"성경 속의 예수님은 결코 신분을 구분하기 위해 오신 분이 아닙니다. 가장 낮은 자를 위해 오신 분입니다. 그런 분에게 신분이 높다는 의미를 부여하는 것은 말이 안 되지 않습니까? 오히려 그분은 하늘의 주인이심에도 낮은 자를 위해 오신 분이니, 천주라고 하는 것이 맞는 말입니다."

상제나 천주 모두 맞는 표현일 수도 있습니다. 다만, 사람들마다의 생각에 따라 다른 관점으로 볼 수 있었던 것입니다.

중국에서의 그 논쟁은 오랫동안 계속되었습니다. 그러다 18세기 후반부터 아주 보수적인 가톨릭 선교 단체인 도미니코회와 프란치스코회가 기독교에서 중요한 영향력을 행사하기 시작하자, 자연스럽게 그들이 사용하던 천주를 더 많이 사용하게 되었습니다. 그 영향으로 인해 한국의 가톨릭교회 역시도 성경 속의 유일신을 천주로 사용하기 시작했고, 여전히 천주로 사용하고 있는 것입니다.

존 로스와 매킨타이어, 그리고 조선인 한글 성경 번역자들은 성경 속의 유일신을 천주로 할지, 상제로 할지 혹은 새로운 단어로 번역해야 할지 고민에 고민을 거듭했습니다. 어떻게 보면, 그거야 뭐 뜻만 전달되면 되는 거 아닌가? 하고 생각할 수도 있지만 사실 너무나 중요한 문제였습니다. 다음의 대화를 듣게 되면 왜 중요한지 이해할 수 있을 겁니다.

어느 날, 존 로스 선교사는 한 도교 사원의 주지와 이야기를 나누고 있었습니다. 도교 사원의 주지가 존 로스에게 질문했습니다.

"당신이 나에게 읽어보라고 한 요한복음을 내가 읽어보았소이다."

존 로스는 너무나 기뻤습니다.

"감사한 일입니다. 요한복음이 당신에게는

어떠했습니까?"

존 로스의 질문에 도교 사원의 주지는 대답했습니다.

"우리 도교의 가르침에도 상제가 나오지요. 온 세상의 만물을 조화롭게 하는 상제 말이오. 옥황상제라고도 하지요. 그 상제를 내가 요한복음에서 만났소이다. 세상을 창조한 그 신이 바로 우리 도교의 상제입니다."

존 로스는 도교 사원 주지의 말에 당황했습니다. 전혀 예상 밖의 말이었기 때문입니다. 도교 주지는 요한복음의 유일신인 하나님을 하나님으로 받아들이는 것이 아니라, 자신이 믿고 있는 도교 속의 신인 상제와 동일 신으로 인식하고 있었던 것입니다.

집으로 돌아온 존 로스는 고민에 빠졌습니다.

'성경 속에 등장하는 유일하신 여호와를 상제로 번역한다면, 많은 사람들이 도교 사원의 주지처럼, 도교의 신과 동일하게 여길 수도 있겠군. 그것은

잘못된 것이니, 상제로 번역하면 안 되겠어.'

존 로스는 매킨타이어와 여러 명의 조선인 성경 번역자들과 성경 속의 하나님을 '천주'로 번역하는 것에 대해 회의를 했습니다.

"상제로 번역하는 것은 어려울 것 같습니다. 성경을 한글로 읽게 될 조선인들이 도교의 신인 상제와 여호와를 동일하게 생각하게 할 수는 없습니다. 다른 대안은 천주로 번역하는 것입니다. 천주는 이미 가톨릭에서 사용하는 용어이기 때문에 그 의미를 잘 이해할 수 있지 않겠습니까?"

하지만 누구인지 정확하게 알려지지 않았지만, 천주로 번역하는 것도 반대 의견이 많았습니다.

"천주라는 이름은 18세기 후반부터 이미 가톨릭에서 사용했던 단어이지요. 가톨릭은 우리 개신교와 비슷해 보이는 같은 기독교이긴 하지만, 교리가 전혀 다릅니다. 같은 성경을 바탕으로 하고 있지만

사실상 전혀 다른 종교이지요. 그런데 만약 천주라고 번역한다면, 조선 사람들은 개신교와 가톨릭을 구분하지 못할 것입니다."

그때 조선인 누군가가 의견을 냈습니다.

"우리 조선 사람들은 오래전부터 무속 신앙을 믿어왔습니다. 하늘에 계신 아주 높은 분께 두 손을 모아 빌면 소원이 이루어진다고 생각해 왔죠."

존 로스는 궁금했습니다.

"하늘에 계신 아주 높은 분? 그분을 뭐라고 불러왔습니까?"

조선인 누군가가 다시 대답했습니다.

"하늘님 혹은 하느님이라 불러왔답니다. 만약 성경의 유일신을 하느님으로 번역한다면 조선의 많은 사람들은 성경의 유일신을 쉽게 이해할 뿐만 아니라

더 친숙하게 여기게 될 것입니다."

존 로스는 고민이 되었습니다. 성경의 여호와를 하느님으로 번역하면, 많은 조선 사람들이 서양 신을 믿는다고 생각하지 않을 가능성이 많아질 것이었습니다. 기독교 개신교를 서양 종교로 인식하지 않고 친숙하게 이해한다면 그것은 분명 큰 장점이었습니다. 하지만 천주의 경우와 마찬가지로 하느님으로 번역한다면, 조선 사람들이 자신들의 무속신앙 속의 신과 성경 속의 여호와를 동일시하거나 혼동할 여지가 있었기 때문입니다. 이렇듯 성경을 한글로 번역한다는 것은 고려해야 할 점들이 많은 어려운 작업이었습니다.

존 로스와 한글 성경 번역팀은 고민과 고민을 거듭하다가 결국 하느님으로 번역하기로 결정했습니다.[20] 정확히 말하면 하느님이 아니고, 사실 아래아(•)가 들어간 단어였지만, 1945년 일제 강점기에서 해방된 이후에 철자법 개정으로 인해 하나님으로 표기하기 시작했습니다. 현재 우리가 성경을 통해 알게 된

---

20 앞의 책.

하나님, 즉 하늘의 님이라는 뜻의 단어는 그렇게 존 로스와 조선인 성경 번역자들에 의해 번역된 것입니다. 하나님은 성경을 읽는 사람들의 마음속에 그렇게 들어오기 시작했습니다.

앞에서 잠깐 언급한 것처럼 존 로스가 한글 성경을 번역하고 책으로 인쇄할 비용을 마련하기 위해 영국으로 돌아간 사이, 한글 번역 작업은 매킨타이어가 도맡았습니다. 매킨타이어는 성경을 번역하기 위해 하루 8시간 이상씩 조선말을 배우기 시작했습니다. 무리한 나머지 눈병까지 날 정도였습니다. 하지만 잠시도 멈추지 않았습니다. 그가 얼마나 한글 성경 번역 작업을 중요시했는지는 아래의 선교 편지에 잘 나타납니다.

> **"그 어떤 것도 나를 한글 성경 번역 일에서 떨어트려 놓을 수 없습니다. 심지어 내가 눈이 먼다 해도 나는 이 일을 계속하겠습니다. 이제 나의 모든 영혼은 한글 성경 번역 일에 있습니다. 처음 존 로스 대신에 시작할 때만 해도, 나는 이 일이 중간에 끊긴다면 좋지 않다라고만 느꼈습니다. 하지만 지금은 이 일이**

너무나 중요합니다."[21]

매킨타이어는 처음에 한글 성경 번역 일을 시작할 때만 해도 존 로스가 자리를 비운 사이에 그 일을 대신해 준다는 생각이었던 것입니다. 하지만 어느새 그에게는 너무나 중요하고 소중한 일이 되어 버렸습니다. 그가 남긴 글들을 통해, 심지어 눈이 먼다 해도 그 일을 멈추지 않겠다는 강한 열망과 사명감을 확인할 수 있습니다.

매킨타이어는 또 계속 글을 남겼습니다.

"우리는 번역하는 한글의 문체를 너무 수준 높게 혹은 너무 수준 낮게 설정할 가능성이 있습니다. 다행히 우리가 있는 영구 우장에는 1년 평균 100명 이상의 조선인들이 방문합니다. 그중에 몇 명은 우리 성경 번역팀과 함께 여러 날을 지내기도 합니다. 우리는 우리가 번역한 한글 성경을 그들에게 읽히고

---

21 The Corean Version. Jun. 1881, pp. 665-667; 이만열 외,《대한성서공회사1. 조직·성장과 수난》, 대한성서공회, 1993, p.53 재인용.

그들이 그것을 어떻게 받아들이는지 시험해 볼 수 있습니다. 누군가 우리가 번역한 내용을 잘못 이해하면 우리는 그것에 맞는 적당한 단어를 찾아 수정했습니다."[22]

매킨타이어가 남긴 말처럼, 영구 우장은 많은 조선인들이 오가는 곳이었기에, 그들에게 번역한 한글 성경을 테스트 삼아 읽어보게 하고, 그것을 이해하는지 확인할 수 있었습니다. 잘 이해하지 못하면 바로바로 점검해서 수정할 수 있었던 것입니다.

"이 단어는 조선인들이 잘 이해하지 못하는 것 같으니 다른 단어로 바꿉시다."

또한 그렇게 테스트를 했다는 것은 좀 더 많은 사람들이 성경의 뜻을 이해할 수 있도록 하기 위한 노력이었습니다.

매킨타이어는 또 말했습니다.

---

22 앞의 책.

"우리는 이 한글 성경이 소수의 지식인들이나 양반들만을 위한 책이 되지 않길 바랍니다. 우리는 그것을 목표로 하지 않습니다. 더 많은 사람들이 읽게 되길 바랍니다."[23]

어쩌면 이 말이 가장 중요한 한글 성경의 목적이었던 것입니다. 매킨타이어와 존 로스, 그리고 조선인 성경 번역자들은 한글 성경이 소수의 지식인들을 위한 책이 아닌, 더 많은 사람들이 읽을 수 있는 쉬운 책이 되길 바랐습니다. 그리고 그런 점들은 한글이라는 쉬운 문자로 번역하는 것이기에 더 자연스러운 이유였습니다.

당시에 책은 소수의 지식인들만이 보는 것이었습니다. 종이가 귀하기도 했지만, 대부분의 책들은 한문으로 기록되어 있었습니다. 조선에서도 당연히 한글로 된 책보다는 한문으로 된 책들이 압도적으로 많았습니다. 그 이유는 무엇이었을까요?

당시의 책을 보는 사람들은 대부분 양반이었습니다.

---

23 앞의 책.

그들은 중국 사대주의 사상에 영향을 받았고, 중국의 유교 문화와 유교적인 가르침이 담긴 책들을 봤기 때문에 어렸을 때부터 공자와 맹자의 책, 사서삼경을 봐야 했습니다. 모두 한문으로 기록된 책들이었습니다. 한글은 오히려 한문보다 낮은 등급의 글자로 인식되었습니다. 그래서 언문으로 불렸던 것입니다. 양반들은 한글을 무시했습니다. 애들이나 여자들이나 쓰는 글자라고 생각했습니다.

한글은 1443년 세종대왕과 집현전 학자들에 의해 만들어졌음에도 400년이 넘는 시간 동안 그렇게 제대로 인정받지 못한 문자였던 것입니다. 그런데 존 로스와 매킨타이어는 그런 상황들에 개의치 않았고, 오히려 조선 사람들이 성경을 많이 읽으려면 익히기 쉬운 한글이 적합하다고 생각했던 것입니다. 아마도 객관적인 시각에서 한글의 우수성과 그 유용성을 판단한 것이 아닐까요?

존 로스는 또 생각했습니다.

'한글을 배우지 못한 사람들도 한글 성경을 쉽게 읽을 수 있을 거야. 한글은 내가 배워봐서 아는데 너무

쉽게 배울 수 있는 문자이기 때문이지. 한 달 정도 한글의 자음과 모음만 익히면 어떤 단어도 어떤 문장도 쉽게 읽고 쓸 수 있어. 세상에 이렇게 쉽게 배우고 쓸 수 있는 문자가 또 있을까? 만약 한문으로 된 성경이라면 읽고 싶어도 읽기가 쉽지 않을 거야. 한문을 배우려면 몇 년은 걸릴 테니까. 하지만 한글로 된 성경이라면 한 달만 공부하면 다 읽을 수 있어.'

존 로스의 생각은 적중했습니다. 존 로스와 매킨타이어, 그리고 조선인 성경 번역자들은 결국 1882년 우리나라 최초의 한글 성경인 《예수셩교누가복음젼셔》를 출판하는 데 성공합니다. 성경 전체를 번역한 것은 아니고 성경의 신약 중에 누가복음만을 우선 번역하고, 그것을 인쇄해 배포하기 시작한 것입니다.

사실 이것은 글로벌 프로젝트였습니다. 한글 성경에 필요한 돈은 영국성서공회와 영국의 많은 후원자들이 냈습니다. 그리고 인쇄기는 상하이에서 들여왔습니다. 식자는 일본 요코하마에서 파왔습니다. 잉크는 중국인 노동자들이 제조했습니다. 장소는

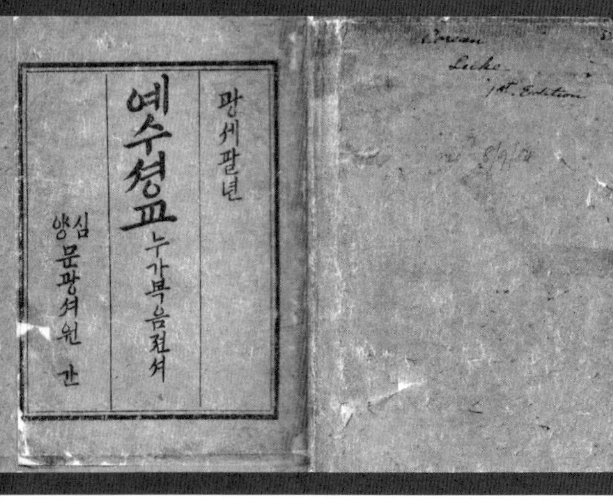

누가뎨일쟝

되기엘어사람이부슬들어우리가운데일운일놀고슐ᄒᆞ되처음으로
붓니친이보끄도를뎐ᄒᆞ변쟈우리를준비갓티ᄒᆞ엿기로나ᄯᅩ좃ᄎᆞ여
모둔날을자세이근원을좃차치레토씨귀인데오비노의존젼에양달
ᄒᆞ문귀인붓너보인비의실졍을알게ᄒᆞ미라유디악[illegible]셰륙당ᄒᆞ여
아비야자손의반렬에제사일옴은사가랴요그쳐누이름의후예일음
온이니사뷔이니두사람이하ᄂᆞ님의 압페서옳은쟈라쥬의 게명
파비를좃차힝ᄒᆞ여흠이업스되다못아들이업스ᄆᆞ니사뷔이잉틱
못ᄒᆞ끄누사람의나이ᄯᅩ한늘그미라마즘사가랴그반렬을의지ᄒᆞ여
제사의직분을하ᄂᆞ님의 압페힝ᄒᆞ끄제사이규례를좃차제비를허
터쥬의 뎐에들어가분향ᄒᆞ니셔여뭇빅셩은밧게셔비터니쥬의
사쟈사가랴의게보이끄향단옳은편에셔거늘사가랴보끄황망ᄒᆞ여
무셔워ᄒᆞ니사쟈날너갈으되사가랴는무셔워말나너의비런거시이
무들텨시니너의체이니사뷔이쟝차아들을나아너를주리니일음을

요안나라ᄒᆞ라너쟝차깃거ᄒᆞ며즐거워ᄒᆞ끄ᄯᅩ그나믈인ᄒᆞ여깃거ᄒᆞᆯ
쟈만을기시쥬의 압페셔이아희가크미되여쳥쥬와독주를다마시
디안코셩신이오맘의틔로붓터넉넉ᄒᆞ리니데반드시이살일사람으
로ᄒᆞ여금만이쥬 그하ᄂᆞ님게 돌아가게ᄒᆞ끄데이니아의셩졍싸
눙ᄒᆞ무로써쥬를 압셔힝ᄒᆞ여아밤된쟈의마옴으로ᄒᆞ여금아들을
돌아보게ᄒᆞ끄거스러던쟈로옳운쟈외디혜여돌아가게ᄒᆞ끄쥬를
위ᄒᆞ여온젼하빅셩을예비ᄒᆞ리라ᄒᆞ니사가랴사쟈게갈오되너가이
무늘셰너의체가ᄯᅩ한늘거시니너엇디이를알니요ᄒᆞ니사쟈되답ᄒᆞ
여갈으되나는갑벨열이니하ᄂᆞ님의 압페셔모시던쟈로쏠이몱밧
드러네게갈ᄒᆞ여이복음으로써보ᄒᆞ노라그러나네반드시버리되
여눙히말티못ᄒᆞ끄일을잇으변날게잇츠문셔날으려반드시응ᄒᆞ
리라ᄒᆞ변말을밋디안ᄋᆞ미라ᄒᆞ더라빅셩이사가랴를기ᄃᆞ리며그의
셩뎐안에이스물괴괴이네기며니나오기ᄂᆞᆯ키터부래ᄒᆞ티못ᄒᆞ니빅
셩이그셩뎐안게셔현셩본줄앗[illegible]

《예수셩교누가복음젼셔》 출처: 대한성서공회

중국 심양이라는 도시의 동관 교회 옆의 작은 건물이었습니다.

존 로스는 작은 건물에 문광서원이라는 간판을 붙였습니다.

"이제 이곳에서 수없이 많은 한글 성경이 인쇄될 것입니다. 이곳을 문광서원이라고 합시다."

지나가던 사람들은 문광서원의 뜻을 물었습니다. 존 로스는 친절하게 설명해 주었습니다.

"문광(文光). 빛의 글자라는 뜻이지요. 말씀은 살아 있는 하나님입니다."

존 로스는 요한복음 1장을 읊기 시작했습니다.

"태초에 말씀이 계시니라. 이 말씀이 하나님과 함께 계셨으니 이 말씀은 곧 하나님이시니라. 그가 태초에 하나님과 함께 계셨고 만물이 그로 말미암아 지은 바 되었으니 지은 것이 하나도 그가 없이는 된 것이

없느니라. 그 안에 생명이 있었으니 이 생명은 사람들의 빛이라. 빛이 어둠에 비치되 어둠이 깨닫지 못하더라."

그리고 이내 말을 이어갔습니다.

"하나님은 말씀으로 세상을 창조하셨습니다. 그리고 그 말씀은 살아 있는 생명의 말씀입니다. 그리고 그 생명의 말씀은 빛이지요. 그 말씀의 빛이 세상의 어둠을 몰아낼 것입니다. 이곳 문광서원에서 조선의 어둠을 밝힐 빛의 말씀을 인쇄하게 될 것입니다."

최초의 한글 성경인《예수셩교누가복음젼셔》는 그렇게 문광서원에서, 세상을 말씀으로 밝힐 목적으로 인쇄되었습니다. 3000권이었습니다.

그런데 여기에 재미있는 사실 한 가지가 있습니다. 우리나라엔 사투리라는 것이 있지 않습니까? 당시에 한글 성경 번역에 참여했던 대부분의 조선 사람들은 평안도 의주 지역 출신이었습니다. 의주는 지금의 북한에 있습니다. 즉 그 사람들은 평안도 사투리를 구사하고 있었습니다. 때문에 처음으로 인쇄된 한글 성경《예수셩교누가복음젼셔》는 지금 우리가 생각하는 표준말인 서울말로 번역된 것이 아니라 평안도 사투리로 번역되었습니다.

평안도 사투리로 번역한 이유가 있었습니다. 존 로스와 매킨타이어, 그리고 조선인 성경 번역자들은 한글로 번역한 성경을 가장 빨리 효과적으로 뿌리길 원했습니다. 그래서 평안도 사투리로 번역했던 것입니다. 조선인 성경 번역자들 대부분이 의주 출신의 상인들이었기에 그들은 자신들이 번역한 성경을 들고 고향으로 돌아가 그것을 가장 먼저 뿌리기 시작했습니다.

상상이 되시나요? 첫 한글 성경의 사투리 버전을? 그리고 그 이후에《예수셩교누가복음젼셔》는 경성의 표준말로도 번역되어 인쇄되기 시작했습니다.

두 개의 서로 다른 버전의 한글 성경

나님을 볼 것임이요○화평하게 하는 자는 복이 있나니 그들이 하나님의 아들이라 일컬음을 받을 것임이요○의를 위하여 박해를 받은 자는 복이 있나니 천국이 그들의 것임이라

심령이 가난한 자는 복이 있나니 천국이 그들의 것임이요 ○ 애통하는 자는 복이 있나니 그들이 위로를 받을 것임이요 ○ 온유한 자는 복이 있나니 그들이 땅을 기업으로 받을 것임이요 ○ 의에 주리고 목마른 자는 복이 있나니 그들이 배부를 것임이요 ○ 긍휼히 여기는 자는 복이 있나니 그들이 긍휼히 여김을 받을 것임이요 ○ 마음이 청결한 자는 복이 있나니 그들이 하

첫 한글 성경인《예수성교누가복음전서》가 중국 심양의 문광서원에서 인쇄된 1882년, 조선에서는 커다란 사건이 있었습니다. 그것은 임오군란(壬吾軍亂)이었습니다. 1876년 조선과 일본의 불평등 조약인 강화도 조약이 맺어질 때 조선은 일본에 문호를 개방할 수밖에 없었습니다. 조선에 들어온 일본군은 조선의 군대를 개혁시킨다는 명목으로 신식군대인 별기군을 창설했지요. 그런데 일본의 후원으로 만들어진 신식군대 별기군이 창설되면서 기존에 있던 병사들 중에 별기군에 속하지 못한 군인들은 대부분 구식 군대에 소속되게 되었습니다. 그런데 별기군과 구식 군대의 대우는 하늘과 땅 차이였습니다. 임금에서부터 차이가 났습니다.

조선의 구식 군대 군인들은 월급도 제대로 받지 못했고, 거기에 모래가 섞인 쌀까지 배급받으면서 불만이 폭발하고 맙니다.

"이것을 먹을 쌀로 주는 거요? 모래가 섞인 쌀을 어떻게 먹으란 말이오! 그나마 쌀도 겨가 반이오!"

그렇습니다. 배급받은 쌀의 반은 쌀이 아닌 겨로 채워져 있었고, 무게를 속이기 위해 모래까지 섞여 있었습니다. 그런 쌀을 받자 구식 군대의 군인들은 월급까지 밀린 상황에서 결국 폭발하고 만 것입니다.

당시는 흥선대원군이 후에 명성황후로 불리게 되는 중전 민씨에게 권력을 빼앗긴 상황이었습니다. 중전 민씨는 일본을 등에 업고 권력을 잡고 있는 상황이었기 때문에, 구식 군대의 불만은 모두 중전 민씨와 그 친족들에게 향해 있었습니다.

"중전 민씨가 모든 악의 근원이오! 대원군이 있을 때는 이 정도는 아니지 않았습니까? 이건 우리를 사람으로 대우하는 것이 아니오!"

분노한 구식 군대의 군인들은 폭동을 일으켜, 일본 공사관을 불태우고 13명의 일본인을 살해하고 말았습니다. 그리고 중전 민씨를 죽이기 위해 궁궐까지 쳐들어갔습니다.

갑작스런 구식 군대의 폭동으로 인해 중전 민씨는 야밤에 도망쳐야 했습니다. 그런데 그때 중전 민씨가 궁궐을 빠져나가도록 도운 사람이 있었습니다. 그의 이름은 이수정이었습니다. 이수정은 말단 관리였던 것으로 추측됩니다.

임오군란이 진정된 뒤에 조선과 일본은 또다시 제물포 조약을 체결할 수밖에 없었습니다.[24] 일본은 임오군란을 빌미로 일본군 1대대 병력을 한성에 주둔시키기 시작했습니다. 그리고 조선은 일본에 임오군란에 대한 사과의 의미로 수신사를 파견해 사죄를 해야 했습니다.

그런 시점에, 중전 민씨는 자신을 구해준 이수정에게 고마웠던 것 같습니다. 결국 당시의

---

24 제물포 조약(濟物浦條約). 1882년(고종 19년) 임오군란으로 발생한 일본 측의 피해보상문제 등을 다룬 조선과 일본 사이의 조약.

왕이었던 고종은 이수정에게 소원을 말하라고 합니다.

"임오군란의 폭동으로 인해 중전이 목숨을 잃을 뻔했다. 그런 중전을 구해주어 참으로 고맙구나. 내 그 고마움을 너에게 표현하고 싶으니 원하는 것이 있다면 어떤 것이든 말해 보거라."

이수정은 고종에게 대답했습니다.

"전하. 저는 신하된 자로 당연히 해야 할 일을 했을 뿐입니다. 바라는 것은 없사옵니다."

하지만 고종은 부인을 구해준 고마움을 표현하고 싶었습니다.

"너의 충정은 내 잘 알겠다. 하지만 나는 너에게 고마운 인사를 하고 싶구나."

이수정은 잠시 고민하다가 말을 했습니다.

"전하. 신하된 제게 한 가지 소원이 있다면, 선진 기술과 문물을 배워 가난한 조선의 백성들을 도울 방법을 찾고 싶습니다. 청하옵건데, 이번에 일본으로 가는 수신사를 따라가게 해주십시오. 그렇게 해주시면, 일본에 들어온 서양의 선진 기술과 문물을 배워와서 조선의 백성들을 위해 사용하고 싶습니다."

고종은 이수정의 소원대로 그를 일본으로 향하는 수신사의 비공식 수행원으로 함께 갈 수 있도록 해주었습니다. 그렇게 이수정은 수신사 박영효를 따라 일본 도쿄를 향해 가게 되었습니다.

집으로 돌아온 이수정은 너무나 기뻤습니다. 항상 선진 문물에 대한 관심이 많았던 그는 일본에 들어온 서양의 과학기술과 학문을 배우고 싶었습니다. 그래야만 조선도 가난에서 벗어나 강한 나라가 될 수 있다고 생각했습니다.

'우리 조선도 더 이상 가난하게 살 수는 없어. 서양의 과학 기술과 학문을 배운다면 조선도 강한 나라가 될 수 있을 거야. 그래야 중국과 일본, 러시아 등의

강대국들 틈에서 살아남을 수 있어. 조선이 더 이상 강대국의 노리개가 되지 않으려면, 더욱 강한 나라가 되어야 해.'

이수정은 친구 안종수[25]에게 일본에 가게 된 기쁜 소식을 전했습니다. 안종수는 너무나 기뻐했습니다.

"나도 몇 년 전 조사시찰단으로 일본에 다녀오지 않았었나? 아마 그때보다 지금의 일본은 더 강한 나라가 되어 있을 거야. 서양의 문물과 기술이 일본에는 이미 많이 들어와 있으니 말일세."

이수정도 대답했습니다.

"나도 그렇게 생각하네. 일본에 빨리 가서 선진 기술과 학문을 많이 배워올 걸세."

---

25 안종수(1859~1896). 조선 말기의 관리·농학자이다. 조사 시찰단의 일원인 조병직의 수행원으로 일본에 가서 많은 농서를 가져와 한국 최초의 근대적 농업기술서인《농정신편》(1885)을 편찬하였다. 하지만 이후 갑신정변을 일으킨 김옥균과 한패라는 이유로 유배되었고, 1895년 풀려났지만 을미의병들에 의해 살해되었다.

친구 안종수는 이수정에게 일본의 농학자를 소개해 주었습니다.

"지난 번 내가 일본에 갔을 때 쓰다 센[26]이라는 농학자를 만났었다네. 그는 서양의 농사 기술을 공부하는 학자이지. 그를 찾아가면 큰 도움을 받을 수 있을 걸세. 아마, 내가 소개해서 왔다고 하면 반드시 많은 도움을 줄 거야."

이수정은 기뻤습니다.

"고맙네 친구. 내 일본에 가면 꼭 쓰다 센이라는 사람을 찾아가지."

이수정은 들뜬 기분으로 그렇게 일본으로 향했습니다. 수신사를 따라 일본 요코하마에 도착한 그는 사실 비공식 수행원이었기 때문에 수신사의 공식

---

26 쓰다 센(津田仙, 1837~1908). 에도막부의 사절단으로 미국에 통역관으로 갔다 온 이후에 통역과 번역 및 영어 교수 등으로 일했다. 농학자이며 교육자이기도 한 일본의 개신교 기독교인이다. 쓰다 센의 딸 쓰다 우메코는 일본의 근대 여성 교육을 확립한 인물로 쓰다주쿠 대학을 창립했으며, 일본의 5000엔 지폐에 새겨져 있다.

일정을 모두 따라다니지 않아도 되었습니다. 고종의 배려로 자유롭게 일본의 여러 곳을 둘러볼 수 있는 자유가 주어졌던 것입니다.

그는 일본에 도착하자마자 친구 안종수가 소개해 준 쓰다 센이라는 일본 농학자의 집을 찾아갔습니다. 쓰다 센은 이수정을 반갑게 맞아주었습니다.

"몇 년 전에 만난 안종수 대감을 기억합니다. 그분의 소개로 오셨다니 감사한 일입니다. 내가 도움을 줄 수 있는 일이 있다면 뭐든지 돕고 싶습니다."

쓰다 센은 겸손하고 친절한 사람이었습니다. 이수정은 그와 이런저런 이야기를 나누다가 문득 방 벽에 붙어 있는 액자를 발견하게 되었고, 그 안에 담긴 글을 유심히 바라보았습니다. 그 글은 다음과 같은 내용이었습니다.

심령이 가난한 자는 복이 있나니
천국이 그들의 것임이요
애통하는 자는 복이 있나니

그들이 위로를 받을 것임이요
온유한 자는 복이 있나니
그들이 땅을 기업으로 받을 것임이요
의에 주리고 목마른 자는 복이 있나니
그들이 배부를 것임이요
긍휼히 여기는 자는 복이 있나니
그들이 긍휼히 여김을 받을 것임이요
마음이 청결한 자는 복이 있나니
그들이 하나님을 볼 것임이요
화평하게 하는 자는 복이 있나니
그들이 하나님의 아들이라 일컬음을 받을 것임이요
의를 위하여 박해를 받은 자는 복이 있나니
천국이 그들의 것임이라

액자 안에 담긴 글귀들은 마태복음 5장 3절부터 10절까지의 말씀이었습니다. 유명한 산상수훈[27]의 말씀이었습니다.

그 액자 속 글들을 읽으며 이수정은 혼란스러웠습니다. 그것은 그동안 배워온 유교적인 가르침과는 너무나 다른 내용이었기 때문입니다. 마음이 가난한 자에게 복이 있고 천국이 그들의 것이라는 내용은 도무지 맞지 않는 내용이었습니다. 또한 어떻게 애통하는 자에게 복이 있을 수 있는지 이해되지 않았습니다. 깊은 슬픔에 빠진 애통해하는 사람에게 복이 있다는 게 말이 되는 것인지 그는 생각했습니다.

이수정은 쓰다 센에게 질문했습니다.

"어떻게 의에 주리고 목마른 자에게 복이 있고 그들이 배부를 수 있습니까? 의를 위해 박해를 받은 자에게 복이 있고 천국이 그들의 것이라고요? 그것은 도대체 무슨 뜻입니까?"

쓰다 센은 진지한 표정으로 이수정에게 대답해 주었습니다.

---

27 산상수훈(Sermon on the Mount, 山上垂訓). 예수의 선교활동 초기에 갈릴레아(갈릴리)의 작은 산 위에서 제자들과 군중에게 행한 설교로서, '성서 중 성서'로 일컬어지며, 그리스도교 신자들에게 가장 중요한 기도인 '주기도'도 이 산상수훈에서 연유한다. 일반적으로 이 산상수훈은 윤리적 행위에 대한 예수의 가르침을 집약적으로 잘 드러내고 있다는 점에서 초대 그리스도교 시대부터 오늘날까지 그리스도 교도들의 윤리 행위의 지침이 되고 있다.

"저 액자[28]에 담긴 글들은 성경이라는 책의 마태복음에 나오는 말씀들입니다."

이수정은 질문했습니다.

"성경이요? 금기시하는 책을 말씀하시는 겁니까?"

쓰다 센은 대답했습니다.

"맞습니다. 조선에서는 성경을 금기시한다고 나도 들었습니다. 하지만 일본에서는 금기시하지 않습니다. 오히려 성경의 가르침은 놀라운 것이지요. 그것은 서양에서 들어온 서학 중의 하나라고 사람들은 생각하지만, 사실 그것은 수천 년을 이어져 내려온 진리의 말씀이지요. 온 세상을 창조하고 만물을 살피시는 하나님의 말씀이랍니다."

---

28 쓰다 센의 산상수훈 액자. 마태복음의 산상수훈 말씀이 담긴 액자는 현재까지 전해지고 있다. 교토에 있는 도시샤 대학을 설립한 니지마 조의 사택 안에 보관되어 있다. 니지마 조 역시 당대의 기독교인으로 도시샤 대학은 기독교 가치 아래에 세워진 미션 스쿨이다. 니지마 조의 사택은 도시샤 대학교 인근에 있으며, 특별한 날에만 사택이 공개된다.

이수정은 성경에 대해 알고는 있었습니다. 그는 뛰어난 학자이기도 했고, 지적 탐구심이 많은 사람이었습니다. 천주교 박해로 인해 많은 천주교 신자들이 죽었고, 그들이 죽은 이유가 성경의 가르침 때문이라는 사실을 잘 알고 있었습니다.

이수정은 그 성경의 말씀을 실제로 읽게 되고 나서 큰 충격을 받았습니다. 액자에 담긴 산상수훈의 말씀들은 그가 배워온 유교의 가르침과 전혀 반대되는 개념이었지만, 너무나 감동적이었고 마음을 파고들었습니다. 그는 그 말씀을 더 읽고 배우고 싶다는 강한 열망에 사로잡혔습니다.

그런 이수정의 마음을 쓰다 센은 금방 알아차렸습니다. 왜냐하면, 그 역시도 처음 성경을 읽었을 때 이수정과 같은 감정을 분명 느꼈기 때문입니다. 그리고 그런 감정과 복잡한 마음들이 성령이라고 하는 삼위일체 하나님이 주시는 마음이라고 그는 생각했습니다.

쓰다 센은 이수정에게 말했습니다.

"기독교의 가르침은 그냥 단순한 가르침이 아닙니다.

서양의 많은 선교사들은 그 가르침을 아무런 조건 없이 일본에 전해주었습니다. 그 가르침의 핵심은 사랑입니다. 하나님의 아들인 예수는 세상을 구원하는 구원자입니다. 그분은 사랑과 희생으로 세상을 구원하기 위해 이 땅에 오셨고, 우리를 위해 대신 십자가를 지고 돌아가셨습니다."

이수정은 예수가 누구인지 궁금했습니다.

"예수가 누군지 알고 싶습니다. 그분의 가르침을 나도 배우고 싶습니다. 도와주실 수 있습니까?"

쓰다 센은 빙그레 웃으며 이수정에게 대답해 주었습니다.

"물론입니다. 누군가 나에게 아무런 조건 없이 예수의 사랑에 대해 가르쳐 주었던 것처럼 나도 아무런 조건 없이 당신에게 예수의 사랑에 대해 알려주고 싶습니다."

쓰다 센은 이수정에게 한 권의 책을 건네주었습니다. 그 책은 한문으로 된 성경이었습니다. 쓰다 센이 건넨 성경을 읽으며 그는 더 혼란스러워졌습니다. 왜냐하면 생각의 전환이 필요했기 때문입니다. 이수정은 어릴 때부터 유교의 가르침을 받아왔습니다. 열심히 공부해서 경쟁에서 이겨야 한다고 배웠습니다. 그래야 과거에 급제할 수 있고 관직에 올라 출세할 수 있었습니다. 그렇게 입신양명을 하는 것이 나라에 충성하는 길이요 부모에게 효도하는 것이라고 배웠습니다. 가난하고 애통하고 온유하고 의에 굶주리고 긍휼을 베풀고 마음이 정결하고 화평케 하고 의를 위해 핍박을 받는 자가 복되다고 하는 것은 유교적으로 납득하기 어려운 것이었습니다. 더욱이 원수까지 사랑하라는 가르침은 인정하기 쉽지 않았습니다. 가족의 원수, 가문의 원수, 나라의 원수를 갚는 것이 진정한 충효 사상이라고 배워왔는데, 도대체 이 가르침은 무엇인지 그는 혼란스러웠습니다.

그런데 무엇보다 이수정을 더욱 혼란스럽게 만드는 것은, 그 이상한 가르침이 그의 마음을 점점 평안하게 만들고 있다는 사실이었습니다. 도대체 왜?

무엇 때문에? 무엇이 나의 마음을 평온하게 만들고 있는 것일까? 이수정은 그것이 너무 궁금했습니다.

조선 수신사는 일본에서의 모든 일정을 끝내고 다시 조선으로 출발했지만, 이수정은 함께 가지 않고 일본에 남았습니다. 그리고 일본에서 자신의 마음을 움직인 성경의 정체를 알고 싶었습니다. 그런 그를 쓰다 센은 크리스마스 예배에 데리고 갔습니다.[29] 그렇게 이수정은 자신의 인생에서 첫 기독교 예배를 드리게 된 것입니다.

크리스마스 예배를 통해 이수정은 큰 감동을 받았습니다. 예수의 부활에 대해서도 이해할 수 있었습니다. 예수의 부활로 인해, 죽음이 끝이 아니라 영원한 삶이 있다는 것을 이해하게 된 것입니다. 그리고 그 가르침이 기독교 사상의 핵심이며 사랑의 핵심이라는 사실을 이해하게 됩니다.

이후에 이수정은 더 망설일 이유가 없었습니다. 그는 이 기독교야말로 조선에 꼭 필요한 사상이라고 생각하게 되었습니다. 기독교를 종교로 인식하기보다,

---

29 이만열 외, 《대한성서공회사1. 조직·성장과 수난》, 대한성서공회, 1993, p.128

사상이라고 인식하면서 조선의 백성들도 그 사상을 알게 되길 바랐습니다.

뛰어난 학자였던 이수정은 성경을 깊이 읽고 묵상하며 그 진리에 빠져들었습니다. 그는 결국 세례를 받기로 결심하고, 1883년 4월 29일에 도쿄의 로게츠쵸 교회[30]에서 조지 녹스 선교사와 일본인 야스카와 토오루 목사에게 세례를 받고 정식 개신교 교인이 됩니다. 일본에 있는 조선인들 중에서 첫 세례자가 된 것입니다.

세례까지 받은 이수정은 자연스럽게 일본인 교인들과 서양 선교사들과 친분을 갖게 됩니다. 그중에 미국에서 온 미국성서공회의 선교사인 루미스를 만나면서 그의 인생은 다시 큰 전환점을 맞게 됩니다.

루미스 선교사는 언젠가 조선의 문이 열리면, 그곳에 들어갈 한글 성경이 필요하다고 생각했습니다. 중국에 있던 선교사인 존 로스와 매킨타이어처럼 말입니다. 루미스는 어느 날 이수정을 찾아갑니다.

---

30 일본 도쿄에 있었던 교회. 여러 교회의 통합과 이전 등을 겪었으며, 현재는 도쿄의 미나토구 토라노몬에 시바 교회라는 이름으로 명맥을 이어가고 있다.

"이수정 선생, 부탁이 있어 왔습니다."

"무슨 부탁이십니까?"

"성경을 한글로 번역해 줄 수 있소?"

루미스의 부탁에, 이수정은 기쁜 표정으로 변했습니다. 성경을 읽으면서 조선의 백성들도 성경을 읽을 수 있다면 좋겠다고 생각했기 때문입니다. 지금은 조선에서 성경을 읽는다는 것이 위험한 일이지만, 언젠가는 조선 사람들도 성경의 가르침을 배우게 될 거라고 그는 확신하고 있었습니다. 이수정은 루미스의 부탁을 거절할 이유가 없었습니다. 오히려 기쁘게 그 제안을 받아들였습니다.[31]

"좋소이다. 내가 한번 성경을 한글로 번역해 보겠소이다."

이후에 이수정은 성경을 한글로 번역하기

31 H. Loomis's Letter to Dr. Gilman, 11. 1883; 이덕주, "초기 한글성서 번역에 관한 연구", p. 339 재인용.

1883년 4월 29일, 이수정이 세례 받은 후 찍은 사진.
가운데 뒷줄 갓 쓴 이수정, 가운데 앞줄 루미스 선교사, 왼쪽 뒷줄 세례를 준 녹스 선교사,
오른쪽 뒷줄 세례문답자 야스카와 목사. 출처: 미국성서공회 아카이브

시작했습니다. 그가 성경을 번역했던 초기의 방식은 한문으로 된 성경에 한글로 토를 다는 것이었습니다. 한문의 글자 위에 작게 한글로 표기해 한문을 더 쉽게 이해할 수 있도록 하는 방식이었습니다. 이것을 현토라고 하는데, 이렇게 토를 다는 방식은 오래전부터 조선에서 잘 이용하던 방식이었습니다.

그러면 왜 이수정은 처음부터 완전한 한글로 성경을 번역하지 않고 한글로 살짝 토를 다는 현토한한 성경으로 번역했을까요? 거기엔 이유가 있었습니다. 이수정 역시 성경을 번역하기 시작한 이유는 일본에 있는 유학생들과 지식인들이 한시라도 빨리 성경을 읽게 하고 싶었기 때문이었습니다.

한글로 성경을 번역할 경우에 많은 시간이 걸리기 때문에 언제 번역 작업이 끝날지를 예상할 수가 없었습니다. 또한 한글로 된 성경은 지식인들이나 유학생들이 아예 읽지 않을 가망성이 많았습니다. 그들의 입장에서는 성경을 읽고 싶다면 한문으로 된 성경을 보면 되지, 굳이 언문인 한글로 된 성경을 읽을 이유가 없었던 것이죠. 하지만 현토한한 성경처럼 한문으로 된 성경 위에 한글로 토를 다는 방식의 성경은 상대적으로 인기가 좋았습니다. 기본적으로 한문 성경이지만 한글로 부연 설명이 되어 있었기 때문에 일반적인 한문 성경보다 조선인 지식인들이 읽고 그 의미를 이해하기 더 용이했던 것입니다.

그렇게《현토한한신약전서》(懸吐韓漢新約全書)가 미국성서공회를 통해 1884년 출간됐습니다. 한문 위에 토를 다는 방식이었기 때문에 몇 달 만에 빠르게 번역되었습니다.[32] 하지만 이것은 완전한 의미의 한글 성경이라고 볼 수는 없었습니다. 때문에 이수정은 현토한한 성경을 번역한 뒤에, 토를 다는 방식이 아닌 국한문 혼용체의 성경을 번역하기 시작합니다. 그렇게 1885년 2월 국한문혼용체의 한글 성경인《신약마가젼복음셔언해》(新約瑪加傳福音書諺解)가 세상에 나오게 됩니다.

3년이라는 시간차가 있긴 하지만 거의 같은 시대, 같은 시기에 두 종류의 한글 성경이 번역된 것입니다. 하나는 중국 만주에서, 다른 하나는 일본

---

32 이만열 외,《대한성서공회사1. 조직·성장과 수난》, 대한성서공회, 1993, p. 145

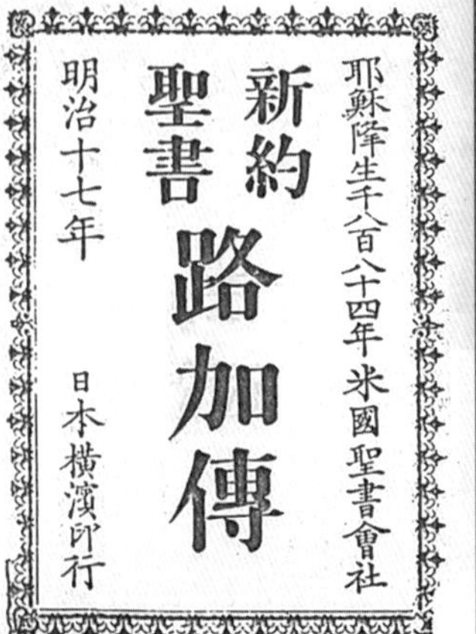

耶穌降生千八百八十四年 米國聖書會社

新約聖書 路加傳

明治十七年

日本横濱印行

《현토한한신약전서》

신약 마가젼 복음셔언해

《신약마가젼복음셔언해》

요코하마에서 말입니다.

인간의 시점에서 보면, 다른 두 지역에서 비슷한 한글 성경을 동시에 번역한다는 것은 어쩌면 비효율적인 일입니다. 하지만 성경을 전해야 하는 사람들의 입장에서, 그리고 성경 속의 하나님의 관점에서는 다른 두 지역에서 동시에 한글 성경이 번역된 것은 아주 효율적인 특별한 의미가 있습니다.

중국 만주에서 번역된 한글 성경은 완전한 한글로 된 성경이었고, 이것은 당장 한반도의 북쪽 의주 지역을 시작으로 점점 남쪽으로 전해진 성경이었습니다. 그리고 평안도 사투리로 되어 있기 때문에 일반 평민들도 읽을 수 있었습니다. 남녀노소 누구나 쉽게 한글 성경을 접할 수 있는 장점을 가진 것입니다.

이와 반대로 일본 요코하마에서 이수정 단 한 사람에 의해 번역된 한글 성경은 국한문 혼용체 성경이었기 때문에 일본에 있는 유학생들과 조선의 지식인들이나 양반에게 유용한 성경이었습니다. 그리고 일본을 통해 부산과 인천 등의 남쪽 지역에 배포되기에 아주 효과적인 성경이었습니다. 그렇게 두 성경은 서로 다른 계층과 지역에 통용되기 용이한 방식으로 번역된 한글 성경이었던 것입니다. 사실 이렇게 두 가지 성경이 서로 시너지를 내며 조선에 들어오게 된 것은 아주 완벽한 합동작전 같은 거였습니다. 그리고 서로 다른 두 지역에서 완성된 한글 성경들은 조선에 급속도로 들어가기 시작합니다. 놀라운 방식으로 기적 같은 일들을 통해서 말입니다.

중국 만주와 일본 요코하마에서 번역된 따끈따끈한 한글 성경이 어떻게 문이 닫힌 조선으로 들어갈 수 있었는지 그 기적 같은 일들이 궁금하지 않으십니까?

한글 성경이 전해지다

이 성경은 한문이 아닌 한글로 적혀 있는 책일세。

자네 정도면 이해하고도 남을 걸세。

한글로 된 성경이 있었단 말인가?

이 책을 한번 읽어 보겠나?

무슨 책인가?

한글로 성경을 번역한다는 것은 어떤 의미일까요? 당시도 그렇고 지금도 그렇지만, 성경에는 말씀이 곧 하나님이라는 가치관이 담겨 있습니다. 성경의 첫 권인 창세기에도 하나님은 온 우주 만물과 세상을 창조하실 때, 우리가 일반적으로 생각하는 노동으로 창조하지 않으셨습니다. 바로 말씀으로 창조하셨습니다.

"하나님이 이르시되 빛이 있으라 하시니 빛이 있었고"
"하나님이 이르시되 물 가운데로 궁창이 있어 물과 물로 나뉘라 하시고"
"하나님이 이르시되 천하의 물이 한 곳으로 모이고 뭍이 드러나라 하시니 그대로 되니라"
"하나님이 이르시되 땅은 풀과 씨 맺는 채소와 각기

종류대로 씨 가진 열매 맺는 나무를 내라 하시니 그대로 되어"

성경에는 그렇게 유일신인 하나님이 세상을 말씀으로 창조했다고 기록되어 있습니다.

요한복음에는 또 이렇게 기록되어 있습니다.

" 태초에 말씀이 계시니라"

이렇게 말씀으로 세상을 창조한 하나님에게 그 말씀이 기록된 성경은 그만큼 중요한 것입니다. 그런데 그걸 한글로 번역한다는 것은 조선 사람들의 입장에서는 어떤 의미일까요?

성경이 한글로 번역되기 전까지, 한문이나 영어로 된 성경을 읽었던 조선 사람들에게 하나님은 그저 단순한 서양의 신에 불과했습니다. 그리고 그 하나님이라는 신은 영어를 사용하거나 중국어로 이야기하는 존재였던 겁니다. 그런데 한글 성경이 번역돼서 나오자, 그걸 읽는 조선 사람들에게는 하나님의 말씀이 어떻게 들리기 시작했을까요? 네 맞습니다. 하나님이라는 유일신이 조선의 말로 말씀하기 시작한 것입니다.

자, 그러면 우리, 중국 만주 심양의 문광서원으로 다시 가볼까요?

1882년 아주 따끈따끈한 한글 성경이 6~8년이라는 긴 시간을 거쳐 드디어 인쇄되어 나오기 시작했습니다. 한글 성경 번역에 참여했던 모두에게는 너무나 감동적인 순간이었습니다. 그런데 정작 팀의 리더이자 책임자인 존 로스는 걱정이 태산이었습니다.

"오 하나님. 드디어 한글로 된 성경이 번역되어 인쇄되었습니다. 이제 이 성경을 조선의 여러 곳에 전해야 합니다. 그러나 아직 조선에는 국경이 꽁꽁 막혀 있어 성경을 가지고 들어갈 수가 없습니다. 어떻게 하면 좋을까요?"

존 로스는 한글 성경이 조선으로 들어갈 수 있게 해달라고 기도하기 시작했습니다.

그런데 며칠 후 김청송이라는 식자 직공이 존 로스를 찾아왔습니다. 김청송은 번역된 성경의 한글

자음과 모음의 식자를 배치해 성경의 문장을 만드는 일을 하는 식자공이었습니다. 김청송은 중국의 집안이라는 지역 출신이었습니다. 집안은 현재 중국에서 발전이 덜 된 지역이지만, 지금으로부터 1600년 전 그곳은 동아시아에서 가장 발달한 도시였습니다. 바로 광개토대왕의 국내성이 있던 곳이기 때문입니다. 지금도 집안에는 광개토대왕과 창대했던 고구려의 흔적들인 국내성의 터, 광개토대왕비, 장군총 등이 남아 있습니다.

김청송은 존 로스에게 말했습니다.

"존 로스 선교사님. 제가 사정이 생겨서 일을 그만두고 싶습니다."

존 로스는 김청송의 말에 당황스러웠습니다. 김청송은 손이 느린 편이긴 했지만 꼼꼼하게 일을 해온 식자공이었기 때문입니다. 자음과 모음을 하나하나 조합해 글자를 만들고 문장을 만들어 인쇄할 수 있는 판을 완성하는 것이 그의 일이었는데, 지금 그만두면 차질이 생길 게 뻔했기 때문입니다.

"김 선생. 지금 일을 그만두면 한글 성경 인쇄 작업에 차질이 생길 수 있습니다. 조금만 더 일을 해줄 수 없습니까?"

하지만 김청송은 난감한 표정으로 존 로스에게 다시 말했습니다.

"선교사님의 말씀은 제가 잘 알고 있지만, 저에게는 한시가 급한 일이 있기 때문입니다."

그에게 급한 일이 무엇인지 존 로스는 무척 궁금했습니다.

"급한 일이 무엇입니까?"

김청송은 존 로스에게 자신의 사정을 이야기하기 시작했습니다.

"저의 고향은 집안이라는 변방의 도시에 있습니다. 그 도시에서도 한참을 걸어가면 첩첩산중에 조선인들이

사는 동네가 있습니다. 조선에서 살기가 너무 힘들자, 조선 사람들이 몰래 국경을 넘기 시작하더니 이제는 수백 명의 조선인들이 모여 살게 되었지요. 조선에서 관리가 와서 다시 잡아갈까 두려워, 우리는 모두 깊은 산속에 숨어 살게 된 겁니다. 그 사람들 대부분은 가난에 지쳐 있고 아무런 희망도 없이 살고 있습니다. 그들에게는 희망이 필요합니다."

희망이라는 말에 존 로스는 멈칫할 수밖에 없었습니다.

"희망? 김 선생의 친구들에게 어떤 희망이 되어 주고 싶소이까?"

김청송은 대답했습니다.

"방금 인쇄된 한글 성경을 한시라도 빨리 고향의 사람들에게 전해야 합니다. 이 성경이야말로 내 가족, 내 친척, 내 친구들에게 빛이 되어 줄 수 있습니다. 저는 지금 당장 일을 그만두고 고향으로

돌아가겠습니다.”

김청송의 말에 존 로스는 펑펑 눈물을 흘리고 말았습니다. 존 로스는 오랫동안 함께해 온 김청송을 떠나보내는 것이 쉽지 않았지만, 결국 고향으로 보내 주어야 했습니다. 김청송이 말한 이유가 사실, 존 로스가 한글 성경을 번역하고 인쇄하게 된 이유였기 때문입니다.

존 로스는 김청송에게 여비까지 두둑이 챙겨주고, 문광서원에서 인쇄한 한글 성경을 잔뜩 꾸려주며 그를 배웅했습니다.

“김 선생. 그동안 고생 많았소이다. 부디 고향에 잘 돌아가, 그곳의 조선인들에게 이 한글 성경을 잘 전해주시오.”

존 로스 그리고 여러 명의 한글 성경 번역팀들은 그렇게 인사하며 김청송을 보내주었습니다. 김청송은 존 로스가 건넨 잉크도 채 마르지 않은 듯한 한글 성경 초판을 들고 고향인 집안의 산골짜기로 향했습니다.

그리고 그는 한글 성경을 들고 매서인[33]이 되어 첩첩산중의 골짜기 골짜기를 다니며 한인촌 여러 곳에 한글 성경을 전했습니다.[34]

"이 책을 한번 읽어 보겠나?"

사람들은 김청송에게 물었습니다.

"무슨 책인가?"

"이 책은 말일세, 성경이라는 책일세."

사람들은 성경이라는 말에 고개를 저었습니다.

"나는 별 필요 없네. 이 책은 위험한 책이 아닌가? 그리고 한문으로 쓰여 있어 어차피 난 읽을 수가 없네."

---

33 매서인(賣書人). 성경의 말씀을 전하고 배포하는 전도자이며 성경을 팔기도 했다. 권서인(勸書人)이라고 부르기도 했다. 성경책을 팔았다는 관점에서 매서인이라고 부르지만 실제적으로는 책을 판매해서 경제적 이득을 취하는 목적이 우선이 아니며, 전도인을 의미한다.

34 J. Ross, "Corean Converts" MR, Dec. 1891, p. 208

그러나 김청송은 책을 펼쳐 보여주었습니다.

"이 성경은 한문이 아닌 한글로 적혀 있는 책일세. 자네 정도면 이해하고도 남을 걸세."

"한글로 된 성경이 있었단 말인가?"

사람들은 김청송이 보여주는 한글 성경에 관심을 갖기 시작했습니다. 하지만 여전히 위험한 책이라는 인식 때문에 보기를 꺼려했습니다. 김청송은 그 마음을 누구보다도 잘 알기 때문에 설득하기 시작했습니다.

"우리가 조선의 국경을 넘어 이곳 중국까지 도망쳐 온 이유가 뭔가? 살기 위해서 아닌가?"

"그렇지. 살기 위해 국경을 넘었지."

"이 책은 말일세. 살기 위해 필요한 진리가 들어 있다네. 이 책대로만 살면 우리는 영원히 행복한 삶을 살 수 있다네. 그리고 이 첩첩산중에서 이 한글 성경을 읽는다 한들, 누가 여기까지 와서 자네를 위협하겠나?"

김청송의 설득에 사람들은 한글 성경을 읽기 시작했습니다. 그곳의 조선 사람들 대부분은 가난한 소작농이었지만, 관리들의 횡포로 인해 국경을 넘어 중국으로 도망쳐 온 사람들이었습니다. 그들은 양반 출신이 아니었기에 한문은 알지 못했지만 한글은 아는 사람들이 꽤 많았습니다. 그들에게 김청송이 건네준 한글 성경은 읽기 쉬운 책이었습니다. 그렇게 집안의 조선 사람들은 김청송이 직접 들고 와 나누어 준 한글 성경을 조용히 읽기 시작했습니다.

한편 김청송을 떠나보내고 2년의 시간이 흐른 뒤에, 존 로스는 한 장의 편지를 받게 됩니다. 바로 김청송으로부터 온 편지였습니다. 편지엔 의외의 내용이 적혀 있었습니다.

"존 로스 선교사님. 잘 지내고 계십니까? 수년 전, 문광서원에서 일했던 김청송입니다. 저는 고향으로 돌아와 한글 성경을 나누어 주었고, 사람들과 성경 공부를 하고 있습니다. 그런데 놀라운 일이 일어나기 시작했습니다. 사람들이 한글 성경을 읽고 울기 시작했고, 세례를 받고 싶어 하기 시작했습니다.

하지만 이곳은 너무나 깊은 산골이기에 사람들에게 세례를 줄 사람이 아무도 없습니다. 이곳에서 세례를 줄 목사를 기다리는 조선인들이 수십 명 있습니다. 부디 시간을 내어 이곳에 오셔서 세례를 주실 수 있으십니까?"

존 로스는 김청송의 편지를 받고, 온몸이 부들부들 떨려왔습니다. 너무나 놀라운 그 소식을 처음엔 믿을 수가 없을 지경이었습니다. 그는 동료 선교사인 웹스터라는 친구에게 편지를 보여주었습니다.

웹스터는 놀라워하며 존 로스에게 말했습니다.

"이게 사실이라면 정말 놀라운 일 아닌가? 당장 가서 확인해 보자고."

하지만 존 로스는 창밖을 바라봤습니다.

"밖은 지금 한겨울이야. 지금 집안시까지 가려면 만주의 추위에 얼어 죽을지도 몰라."

하지만 존 로스와 웹스터는 결국 함께 집안의 한인촌을 향해 가기 시작했습니다. 당시의 이야기는 웹스터 선교사의 기록에 남아 있습니다.

> 1884년, 우리는 마차를 타고 7일 동안 집안시를 향해 갔지만 눈이 너무 많이 쌓여 더 이상 마차를 타고 갈 수 없었다. 결국 나귀를 타고 가기 시작했다. 영하 20도의 추위가 우리를 몹시 괴롭혔다. 하지만 우리는 결코 멈추지 않았고 오랜 시간을 들여 집안시 산골짜기의 한인촌에 도착했다. 30여 명의 흰 두루마기를 입은 조선 사람들이 우리를 반갑게 맞아주었다. 2년 전에 이곳 조선 사람들에게 큰 변화가 일어났다. 한글 성경을 통해 복음이 이곳에 들어온 것이다. 수백 명의 사람들이 이곳에서 구원의 길을 찾아 날마다 즐거운 생활을 보내고 있다.[35]

웹스터는 놀랍기만 했습니다. 정말 수백 명의 사람들이 골짜기 골짜기마다 모여 한글 성경을 읽고

---

35 "A Bright Light in Northern Korea", Foreign Mission, Sept. 1886, pp. 151-152; 옥성득《첫 사건으로 본 초대 한국교회사》, 짓다, 2016, p. 69 재인용.

중국 집안시 이양자 마을. 김청송의 전도에 의해 세워진 교회 터는
사유지로 들어갈 수 없고 그 500미터 아래 쪽에 세워진 기념 비석.
1899년 의화단 사건을 피해 도망치기 전 교인들이 새긴 것으로 추정. ⓒ 이원식

기념 비석의 확대본. 耶穌敎 初立(야소교 초립) 1898 됴선人(인).
해석: 예수교가 처음 세워지다. 1898년 조선인. ⓒ 이원식

예배를 드리고 있었던 것입니다. 웹스터의 기록엔 더 놀라운 글이 남아 있습니다.

> 단 한 명의 선교사도 이곳에 찾아온 적이 없다. 단지 한글 성경과 소책자만이 이곳에 전해졌다. 우리가 이곳에서 본 일들은 우리를 겸손하게 만들었다. 골짜기 골짜기마다 한글 성경을 통해 기쁨으로 넘치는 사람들을 만날 수 있다. 다만 우리는 가만히 서서 하나님의 구원을 바라볼 수밖에 없었다. 모두 네 개의 계곡에서 75명의 영혼이 세례를 받고 교회 안으로 들어왔다.

웹스터 선교사의 기록에서처럼, 그곳 골짜기 골짜기마다 세례를 바라는 사람들이 넘쳐났고, 존 로스와 웹스터는 그곳의 조선 사람 75명에게 세례를 주었습니다. 단 한 명의 선교사나 목사가 들어간 적이 없는 곳에서 한글 성경이 온전히 그 일을 감당한 것입니다.

존 로스와 웹스터는 한글 성경이 만든 그 놀라운 광경을 기적이라고밖에 생각할 수 없었습니다. 그리고 그들은 소망하게 되었습니다. 이 한글 성경이 국경을 넘어 언젠가 조선으로 들어가게 되어, 조선을 변화시키는 누룩이 되게 해달라고. 그리고 그 소망의 바람은 그들이 모르는 사이, 조용히 조용히 일어나고 있었습니다.

다시 백홍준의 이야기로 돌아가 봅시다. 의주 상인이었던 아버지 백씨로부터 성경을 전해 받고, 결국 친구 김진기와 함께 존 로스를 만나러 갔던 백홍준. 그는 그곳에서 세례를 받고 한글 성경 번역 작업에 참여했었습니다. 그는 이후에 자신이 번역에 참여한 그 한글 성경을 들고 고향 의주로 돌아갑니다.

식자공 김청송이 한글 성경을 들고 자신의 고향인 집안시로 돌아가 한글 성경을 사람들에게 나누어 준 것처럼 백홍준 역시 그 성경을 들고 고향 의주로 향했습니다. 하지만 그의 행동은 김청송의 행동과는 좀 다른 것이 있었습니다. 그것은 목숨을 걸고 국경을 넘어야 했던 것이었습니다. 김청송이 돌아간 집안시는 중국 땅이었기 때문에 성경을 들고 가다가 목숨까지 잃을 정도는 아니었지만, 백홍준의 행동은 죽음을 각오한 행동이었습니다. 잡히면 그 자리에서 참수를 당할 수도 있는 아주 위험한 행동이었습니다. 하지만 그는 그 한글 성경을 반드시 고향의 사람들과 조선의 백성들에게 알려야 했습니다. 어느새 그것은 백홍준이라는 한 사람의 평생 사명이 되었고 소원이 되었습니다.

백홍준은 여러 번 국경을 넘어 조선으로 한글 성경을 가지고 들어가고자 시도했습니다. 몇 번은 성공했지만 결국은 국경의 수비대에 붙잡혀 감옥에 갇히고 맙니다.[36] 그는 이제 곧 죽을 위기에 처해 있었습니다. 하지만 그는 어느새, 그를 통해 한글 성경을 읽은 사람들에게 아주 중요한 사람이 되어 있었습니다. 그는 성경 속의 바울처럼 사도 백홍준으로 불리기 시작했던 것입니다.

그가 감옥에 갇히자, 많은 사람들이 구하기 위해 노력했습니다. 혼란스럽고 어려운 시대 속에서 그는 죽을 위기에 처했지만, 많은 사람들의 각고의 노력 속에서 결국 풀려나게 됩니다. 사실 기적 같은 일이었습니다.

---

36 J. MacIntyre, "Newchawang", UPMR, Jul. 1. 1881, p. 271

하지만 집으로 돌아온 백홍준은 자신의 전 재산을 잃어야 했습니다. 가족들이 그를 감옥에서 꺼내기 위해, 전 재산을 탐관오리들에게 빼앗겼던 것입니다. 하지만 그는 전 재산을 잃고서도 한글 성경을 전하는 일을 멈추지 않았습니다. 그는 권서인으로 정식 임명을 받고, 전국을 돌아다니며 한글 성경을 전하는 일을 멈추지 않았습니다. 죽기 직전까지도 말입니다.

우리는 또 다른 이름의 조선인 성경 번역자를 기억합니다. 서상륜입니다. 그 역시 김청송과 백홍준처럼 자신이 참여해서 번역한 한글 성경을 들고 조선의 국경을 넘어왔습니다. 그는 멀리 한양까지 와서 한글 성경을 전하기 시작했습니다. 한양은 왕궁이 있는 곳이었고 조선의 가장 큰 중심 도시였기 때문에 서상륜은 더 큰 위험을 감수해야 했습니다. 하지만 그에게도 놀라운 일들이 일어나기 시작했습니다.

몰래몰래 한글 성경을 함께 읽었는데, 그 성경을 읽고 사람들이 변화되기 시작했던 것입니다. 그리고 김청송이 자신의 동네에서 겪은 일을 똑같이 경험하게 됩니다. 한글 성경을 읽은 사람들이 세례를 받게 해달라고 서상륜을 찾아오기 시작한 것입니다.

"서상륜 선생님. 우리에게 세례를 주십시오. 우리는 이 성경을 통해 알게 된 진리를 믿습니다. 우리는 신자가 되고 싶습니다. 예수님을 닮은 삶을 살아가고 싶습니다."

하지만 서상륜은 그들의 부탁을 들어줄 수가 없었습니다.

"나는 세례를 줄 수 있는 사람이 아닙니다. 하지만 당신들의 마음을 잘 압니다. 내가 다시 만주로 돌아가 존 로스와 매킨타이어 선교사님을 만나면, 조선에서 세례를 기다리는 사람들이 있으니 꼭 와달라고 부탁하겠습니다."

서상륜은 사람들의 염원을 마음속에 품고 중국 만주, 심양으로 가서 존 로스와 매킨타이어를 만나게 되었습니다. 그리고 지금 조선의 한양에서 일어난 일들을 이야기했습니다.

"지금 한양에서 한글 성경을 읽고 세례를 받고 싶어

하는 사람들이 기다리고 있습니다. 조선으로 몰래 들어가 세례를 주실 수 있습니까?"

존 로스는 서상륜으로부터 놀라운 그 이야기를 듣고 마음이 너무 기뻤습니다. 하지만 선뜻 서상륜의 말을 들어줄 수가 없었습니다.

"정말 놀라운 일입니다. 하나님의 놀라운 일들이 실제로 일어나는 것을 우리가 듣게 되는군요. 나도 서 선생의 말처럼 당장 조선의 한양으로 가서 그 사람들에게 세례를 주고 싶습니다. 하지만 서 선생. 그건 너무나 위험한 일입니다. 아마 내가 조선의 국경을 넘는 것 자체가 지금은 허락되지 않을 것이오. 외국인이 조선의 국경을 넘는다면 모두가 날 죽이려 들 것입니다. 그리고 설사 몰래 한양까지 가서 결국 세례를 준다고 해도, 그것은 그 세례자를 위험에 빠트리는 일입니다. 세례를 받은 조선 사람들은 세례자라는 이유만으로 박해를 받을 것이고 살해를 당할 수도 있습니다."

존 로스의 말에 서상륜은 실망했습니다. 하지만 잘 알고 있었습니다. 지금은 때가 아니라는 사실을요. 존 로스는 서상륜의 말에 기뻤겠지만 그 요청을 들어줄 수가 없는 현실이 안타까웠을 것입니다. 그런 안타까운 마음은 존 로스가 영국성서공회에 보낸 선교 편지에 담겨 있습니다.

1885년 3월에 존 로스는 선교 편지를 통해, 집안의 한인촌에는 세례를 받기 원하는 남자들이 600명이 넘게 있고, 조선의 한양이라는 곳에는 세례를 받길 원하는 신자가 70명 이상 있다고 적었습니다. 또한 그중에 몇 명은 영향력을 가진 사람이라고 적었습니다. 아마도 그 영향력을 가진 사람은 양반을 의미할 것입니다. 또 한양의 서쪽에 있는 도시에도 예배당이 만들어졌고 18명의 예배자가 있으며, 한양 남쪽에 있는 도시에는 20명 이상이 세례를 기다리고 있다는 내용도 적었습니다.[37]

단순히 숫자로 이해한다면 그리 대단한 일이 아니라고 생각할 수 있지만, 사실은 놀라울 수밖에

---

37 Ross's letter to Wm. Wright(Mar. 8. 1885); 이만열 외, 《대한성서공회사1. 조직·성장과 수난》, 대한성서공회, 1993, p. 106 재인용.

없는 일이었습니다. 선교사나 목사가 아직 들어가지도 않은 곳에 들어간 한글 성경이 그런 결과를 만들어 낸 것입니다. 이것은 단지 종교적인 포교활동 이상의 의미를 갖고 있습니다. 왜냐하면, 한글로 번역된 성경이 있었기 때문에 그런 일들이 가능했던 것이었습니다.

누군가 성경에 적힌 내용을 말로 전하는 것도 그 사람의 마음을 움직일 수 있지만, 때로는 직접 그 성경을 읽었을 때 더 적극적인 작용이 일어날 수 있습니다. 왜냐하면 전달자가 빠지고 일대일로 성경을 만나게 된 것입니다. 그리고 그런 일대일의 역할을 한글 성경이 하게 된 것입니다.

존 로스가 1885년 3월에 선교 편지를 쓴 이유는 조선에 세례를 기다리는 사람들이 있고, 그들을 변화시킨 것은 번역된 한글 성경이기 때문에, 더 많이 만들어야 하고, 선교사가 더 필요하다는 요청을 위한 것이었습니다. 즉, 조선에 선교사가 필요하다는 의미였습니다.

그런데 그 편지가 쓰여진 지 한 달 후, 놀라운 일이 일어납니다. 정말 조선에 외국인 선교사들이 들어오게 된 것입니다. 그들은 어떤 사람들이었을까요?

미국에서 아주 유명한 사업가가 있었습니다. 그는 자신의 이름을 붙인 타자기를 개발해 엄청난 히트를 치고 많은 돈을 벌어들였습니다. 존 토마스 언더우드(John Tomas Underwood)라는 사람이었습니다. 언더우드 타자기라고 들어보셨습니까? 그 언더우드 타자기로 세계적인 사업가가 된 그에게는 호러스 그랜트 언더우드(Horace Grant Underwood, 1859~1916, 이후 '언더우드'로)라는 동생이 있었지요. 언더우드는 형과는 달리 사업에는 생각이 없었습니다. 그는 뉴욕대학교에서 문학을 전공했고, 뉴브런즈윅에 있는 신학교에서 신학을 전공했습니다. 그리고 의학과 힌디어를 공부했습니다. 사업가 형인 존은 언더우드에게 사업을 같이 하자고 제안하기도 했습니다.

"호러스. 나하고 같이 사업을 하는 게 어떻겠니? 너는 다양한 공부를 했고, 타자기 사업을 하는 데 많은 도움이 될 거야. 네가 나하고 함께 한다면, 지금보다 더 많은 돈을 벌 수 있어."

하지만 언더우드는 형인 존의 제안을 받아들일 수가 없었습니다.

"형. 형의 말은 너무나 고마워. 하지만 난 다른 꿈이 있어. 나는 사람들을 살리는 일을 하고 싶어."

존은 언더우드가 걱정되었습니다. 요즘 어떤 생각을 하고 있는지 잘 알고 있었기 때문입니다.

"호러스. 난 네가 무슨 말을 하려는지 알아. 너 인도에 선교사로 갈 작정이지? 그곳은 너무나 위험한 곳이야. 많은 사람들이 그곳에 선교사로 갔다가 병에 걸려 죽었어. 너도 잘 알잖아."

하지만 언더우드의 결심은 이미 너무나 확고했습니다.

"형, 난 인도에 선교사로 갈 거야. 그곳에서 병에 걸려 죽는다 해도 내 결심은 바뀌지 않아. 내가 세상에 존재하는 이유는 다른 사람들을 돕기 위해서야."

존은 결국 언더우드의 결심을 꺾을 수가 없었습니다. 하지만 언더우드는 인도에 가기가 쉽지 않았습니다. 자꾸 상황이 틀어져서 인도로 갈 수 있는 기회가 열리지 않았기 때문입니다. 언더우드는 계속 기도했습니다.

"하나님. 제가 인도로 갈 수 있도록 길을 열어주십시오."

그런데 그러던 중 언더우드는 선교와 관련된 소식을 전하는 신문에서 '어느 조선인'이 쓴 호소문을 읽게 됩니다. 세계선교평론지란 이름의 그 신문에 실린 호소문엔 조선을 도와달라는 내용이 담겨 있었습니다.

호소문의 내용은 다음과 같았습니다.

"여러분의 나라는 기독교 국가로서 우리에게 잘 알려져 있습니다. 그러나 여러분이 우리 조선에 복음을 전해주지 않으면, 다른 나라에서라도 복음을 전할 선교사를 보내주게 될 겁니다. 하지만 그것이 하나님의 뜻이 아닐 수도 있다고 나는 생각합니다."[38]

---

38 *The Missionary Review*, March – April 1884, Vol. 7, Issue 2 'Rijutei to the Christians of America, Greeting', pp. 145 – 146

그 호소문은 미국에서 조선으로 선교사를 파송해 달라는 간절한 소망이었습니다. 그리고 그것은 하나님의 뜻이며, 그 뜻에 순종해야 한다는 강한 메시지를 담고 있었습니다. 언더우드는 그 기사를 읽고 온몸이 떨려오기 시작했습니다. 이토록 강력한 메시지를 전하는 그 조선인을 만나고 싶었습니다. 그리고 조선에 대한 마음이 그의 온 머릿속을 휘젓고 다니기 시작했습니다. 그는 그것이 하나님의 강력한 음성이라고 생각했습니다. 그리고 그 호소문에 응답하기로 결정했습니다.

"그래. 내가 가는 거야. 조선이라는 나라를 잘 모르지만 만약 그곳에 선교사가 필요하다면, 내가 가는 거야. 하나님. 제가 가겠습니다. 제가 그 나라에 가서 복음을 전하겠습니다."

언더우드는 결국 인도에서 조선으로 행선지를 바꾸게 됩니다.[39] 그즈음, 조선의 문이 아주 조금씩

---

39 "Japan and Korea", FM, Sep. 1884, p. 150; 이만열 외,《대한성서공회사1. 조직·성장과 수난》, 대한성서공회, 1993, p. 70 재인용.

열리고 있다는 소식도 듣게 되었습니다. 결국 언더우드는 조선으로 가는 배에 올라 아펜젤러(Henry Gerhard Appenzeller), 스크랜튼(William Benton Scranton, Mary Fletcher Benton Scranton)이라는 또 다른 선교사들과 함께 태평양을 건너기 시작했습니다. 한 달이 넘게 걸리는 긴 바다여행이었습니다.
커다란 배를 타고 가는 거였지만 여러 번 큰 폭풍을 만났고, 매일매일 배 멀미에 시달려야 했습니다.
하지만 언더우드는 복음을 간절히 듣고 싶어 하는 한 조선인이 쓴 그 호소문을 떠올리며 그 여정을 기쁨으로 받아들였습니다.

그 호소문을 쓴 사람이 누구일까요? 그는 바로 일본에서 한글 성경을 번역한 이수정이었습니다.
이수정은 한글 성경을 번역하며, 성경의 진리를 조선에 가져가 전할 선교사가 필요하다고 생각했습니다.
일본에는 이미 서양의 많은 선교사들이 들어와 서양식 학교와 병원을 세웠고, 의료 사업과 교육 사업을 열정적으로 해나가고 있었기 때문입니다. 서양의 발전된 의료기술과 교육을 통해 일본은 많은 발전을 이루어가고 있다고 이수정은 생각했던 것입니다. 그리고 그 호소에 언더우드가 응답한 것이었습니다. 그런데 그 응답은

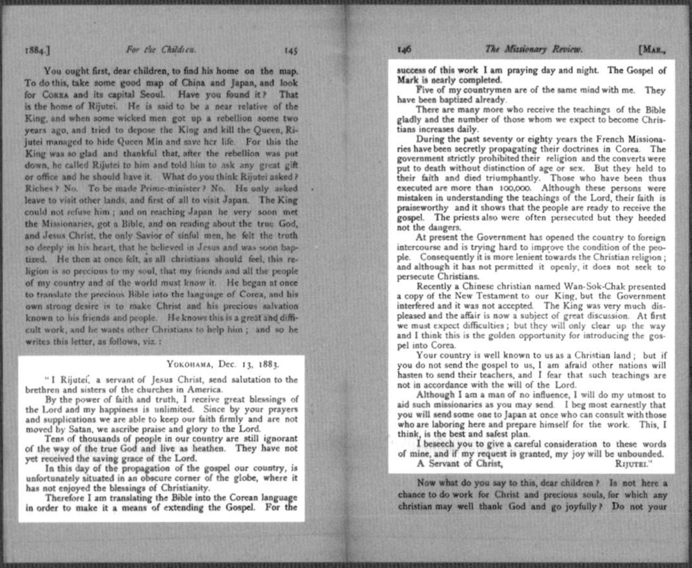

1884.] *For the Children.* 145

You ought first, dear children, to find his home on the map. To do this, take some good map of China and Japan, and look for COREA and its capital Seoul. Have you found it? That is the home of Rijutei. He is said to be a near relative of the King, and when some wicked men got up a rebellion some two years ago, and tried to depose the King and kill the Queen, Rijutei managed to hide Queen Min and save her life. For this the King was so glad and thankful that, after the rebellion was put down, he called Rijutei to him and told him to ask any great gift or office and he should have it. What do you think Rijutei asked? Riches? No. To be made Prime-minister? No. He only asked leave to visit other lands, and first of all to visit Japan. The King could not refuse him; and on reaching Japan he very soon met the Missionaries, got a Bible, and on reading about the true God, and Jesus Christ, the only Savior of sinful men, he felt the truth so deeply in his heart, that he believed in Jesus and was soon baptized. He then at once felt, as all christians should feel, this religion is so precious to my soul, that my friends and all the people of my country and of the world must know it. He began at once to translate the precious Bible into the language of Corea, and his own strong desire is to make Christ and his precious salvation known to his friends and people. He knows this is a great and difficult work, and he wants other Christians to help him; and so he writes this letter, as follows, viz.:

YOKOHAMA, Dec. 13, 1883.

"I Rijutei, a servant of Jesus Christ, send salutation to the brethren and sisters of the churches in America.

By the power of faith and truth, I receive great blessings of the Lord and my happiness is unlimited. Since by your prayers and supplications we are able to keep our faith firmly and are not moved by Satan, we ascribe praise and glory to the Lord.

Tens of thousands of people in our country are still ignorant of the way of the true God and live as heathen. They have not yet received the saving grace of the Lord.

In this day of the propagation of the gospel our country, is unfortunately situated in an obscure corner of the globe, where it has not enjoyed the blessings of Christianity.

Therefore I am translating the Bible into the Corean language in order to make it a means of extending the Gospel. For the

146 *The Missionary Review.* [MAR.,

success of this work I am praying day and night. The Gospel of Mark is nearly completed.

Five of my countrymen are of the same mind with me. They have been baptized already.

There are many more who receive the teachings of the Bible gladly and the number of those whom we expect to become Christians increases daily.

During the past seventy or eighty years the French Missionaries have been secretly propagating their doctrines in Corea. The government strictly prohibited their religion and the converts were put to death without distinction of age or sex. But they held to their faith and died triumphantly. Those who have been thus executed are more than 100,000. Although these persons were mistaken in understanding the teachings of the Lord, their faith is praiseworthy and it shows that the people are ready to receive the gospel. The priests also were often persecuted but they heeded not the dangers.

At present the Government has opened the country to foreign intercourse and is trying hard to improve the condition of the people. Consequently it is more lenient towards the Christian religion; and although it has not permitted it openly, it does not seek to persecute Christians.

Recently a Chinese christian named Wan-Sok-Chak presented a copy of the New Testament to our King, but the Government interfered and it was not accepted. The King was very much displeased and the affair is now a subject of great discussion. At first we must expect difficulties; but they will only clear up the way and I think this is the golden opportunity for introducing the gospel into Corea.

Your country is well known to us as a Christian land; but if you do not send the gospel to us, I am afraid other nations will hasten to send their teachers, and I fear that such teachings are not in accordance with the will of the Lord.

Although I am a man of no influence, I will do my utmost to aid such missionaries as you may send. I beg most earnestly that you will send some one to Japan at once who can consult with those who are laboring here and prepare himself for the work. This, I think, is the best and safest plan.

I beseech you to give a careful consideration to these words of mine, and if my request is granted, my joy will be unbounded.

A Servant of Christ, RIJUTEI."

Now what do you say to this, dear children? Is not here a chance to do work for Christ and precious souls, for which any christian may well thank God and go joyfully? Do not your

이수정의 호소문 원본.[40]

하나님의 큰 계획 중의 한 조각이었습니다.

1885년 1월, 서상륜은 한양과 인근 도시에서 세례를 받고 싶어 하는 사람들의 요구를 들어주기 위해 만주의 존 로스를 찾아가 선교사를 보내달라고 간청했었습니다. 그리고 그 간청을 들은 존 로스는 1885년 3월에 영국에 그런 내용을 편지로 전했습니다. 하지만 정작 선교사가 출발한 곳은 영국이 아닌 미국이었고, 서상륜이 만주로 찾아간 그 시점에 이미 미국에서는 언더우드를 비롯한 조선으로 갈 선교사들이 배를 타고 출발했으며 태평양을 건너고 있었습니다.

이것은 우연이지만, 종교적인 관점에서 보면 기적 같은 필연이라고 할 수도 있을 것입니다. 물론 기독교를 믿는 사람들에겐, 시간을 뛰어넘어 일하시는 하나님의 놀라운 기적일 것입니다.

1885년 1월 25일, 언더우드는 조선에 가기 위해서 중간 기착지인 일본 요코하마에 도착했습니다. 1884년 12월 16일에 뉴욕을 떠난 뒤 40여 일 만에 태평양을

---

40 *The Missionary Review*, March – April 1884, Vol. 7, Issue 2 'Rijutei to the Christians of America, Greeting', pp. 145 – 146

건너온 것입니다. 언더우드는 조선으로 들어가기 전 약 두 달 동안 요코하마에 머물렀습니다. 당시에 요코하마는 큰 개항장이었기 때문에 조선에 가기 전에 여러 가지 준비를 할 수 있었습니다. 언더우드는 조선에 가져갈 물건과 책들도 사고, 조선말을 배울 선생님을 찾았습니다. 비록 두 달 정도밖에 시간이 없었지만, 조선에서 사용하는 언어를 배울 수 있는 좋은 기회였습니다. 그러던 중 언더우드는 일본에 있는 미국 선교사들의 도움으로 한 달 동안의 단기 어학 선생님으로 한 조선인을 소개받을 수 있었습니다.

"안녕하십니까? 나는 언더우드라고 합니다. 조선말 선생님으로 모시게 되어 반갑습니다."

선생으로 소개받은 조선인도 자신을 소개했습니다.

"안녕하시오. 나는 이수정이라고 합니다. 반갑습니다."

자신을 이수정이라고 소개하는 조선인을 보고 언더우드는 어안이 벙벙했습니다. 그를 조선으로 인도한 결정적인 사람이 바로 이수정이었기 때문입니다. 그 사람과 마주 서 있는 것이 언더우드는 너무도 신기했습니다.

"당신이 정말 이수정 선생이란 말입니까?"

"그렇소이다. 나를 아시오?"

"알다마다요. 조선에 선교사가 필요하다는 당신의 글을 읽고 나는 큰 감동을 받았습니다. 나는 그 글을 읽고 조선으로 갈 결심을 했지요. 그리고 이제 조선으로 갈 것이오."

"오오. 세상에 이런 일이 이루어지다니. 너무나 놀랍고 감사할 뿐입니다."

언더우드와 이수정 모두 서로를 보고 놀랄 수밖에 없었습니다. 이수정은 자신이 쓴 글을 읽고 조선으로 가기 위해 온 사람이 있다는 것이 너무나 신기했고, 언더우드는 자신을 부른 글을 쓴 조선인을 우연히 만난 것이 너무나 신기했습니다. 두 사람은 서로를 얼싸안고 감격했습니다.

언더우드는 이수정으로부터 기본적인 한글의

자음과 모음에 대해 배웠습니다. 한글에 대해 배우면 배울수록 언더우드는 놀랄 수밖에 없었습니다. 자음과 모음으로 이루어진 글자의 체계는 세상의 모든 소리를 표현할 수 있기 때문이었습니다.

"조선은 언젠가 큰 나라가 될 것입니다. 지금은 강대국에 둘러싸여 작고 약한 나라처럼 보이지만 언젠가는 강하고 큰 나라가 되어 다른 나라를 도와주는 나라가 될 것이 분명합니다."

이수정은 언더우드가 그렇게 생각하는 것이 궁금했습니다.

"어떻게 그렇게 확신하십니까?"

언더우드는 이수정의 질문에 대답했습니다.

"당신이 내게 가르쳐 주는 한글을 보면 알 수 있지요. 한글은 너무나 우수한 문자입니다. 세계에는 많은 나라들이 있지만, 한글처럼 우수한 자기 민족만의

문자와 언어를 가지고 있는 경우는 아주 드뭅니다.
그런 문자를 가진 조선은 정말 대단한 나라가 아닙니까?"

두 사람은 이제 헤어져야 할 시간이 가까워 왔습니다. 언더우드는 곧 기선을 타고 요코하마를 떠나 조선을 향해 가야 했기 때문입니다. 이수정은 떠나는 언더우드에게 자신이 번역한 한글 성경을 전해주었습니다.

언더우드는 그 한글 성경을 보며 가슴이 벅차올랐습니다. 보통은 선교사가 어떤 나라에 들어가 선교를 시작하면서 언어를 배우고, 그 언어로 성경을 번역하는 것이 일반적인 순서였기 때문입니다. 하지만 언더우드는 조선에 들어가기도 전에, 조선말로 된 한글 성경을 들고 들어갈 수 있었던 것입니다. 그는 생각했습니다.

"하나님은 이 민족을 향한 아주 특별한 계획을 갖고
계신 게 분명해."

언더우드는 이수정과 헤어져 조선으로 향했습니다. 그리고 드디어 1885년 4월 5일 부활절 오후에 지금의 인천인 제물포에 도착했습니다. 제물포에 도착하자마자 그는 바로 한양으로 가서 선교사역을 시작했습니다. 머물 집을 구하고, 이수정으로부터 받은 한글 성경을 갖고 예배를 드릴 처소도 구했습니다. 그런데 그는 또 한번 놀라운 경험을 하게 됩니다.

어느 날 한 무리의 조선인들이 언더우드를 비밀리에 찾아와 대화를 요청했습니다. 그는 그들이 자신을 만나자고 한 이유가 궁금했습니다.

"무슨 일로 나를 보자고 했습니까?"

조선 사람들은 언더우드에게 말했습니다.

"선생님은 목사님이라고 들었습니다. 맞습니까?"
"그렇습니다. 나는 목사입니다."
"그럼 우리에게 세례를 주실 수 있습니까?"

언더우드는 놀라웠습니다. 조선에 정식으로 들어온 첫 개신교 선교사가 자기 자신이었는데, 그는 아직 사역을 시작하지도 않았기 때문입니다. 그런데

언더우드가 들어온 제물포.
© 조지우드(George W. Woods, 미국인 외과의사)

세례를 달라고 하니 놀랄 수밖에요.

"세례요? 성경을 읽어본 적이 있습니까? 복음을 들어본 적이 있습니까? 나 말고 다른 선교사를 만난 적이 있습니까?"

그러자 조선인들은 대답했습니다.

"우리는 당신 말고 선교사를 만난 적이 없습니다. 하지만 우리는 이미 몇 년 전에 한글로 된 성경을 읽고 깊은 감동을 받았습니다. 그리고 수년 동안 우리에게 세례를 줄 사람을 기다리고 있었습니다. 그 사람이 바로 당신입니다."

언더우드는 자신을 찾아온 조선 사람들이 이미 중국 만주에서 번역된 또 다른 한글 성경을 읽고 기독교 신자가 되었다는 사실을 알고 놀라지 않을 수 없었습니다.

'과연 조선은 어떤 나라인 걸까? 아직 개신교 선교사가

정식으로 들어오지도 않은 이곳에 성경이 이미 이 나라의 문자인 한글로 번역되어 들어온 것도 놀라운데, 그 한글 성경을 읽고 세례를 받기 원하는 사람이 있다는 것은 더 놀라운 일이 아닌가?'

언더우드는 큰 감동을 받으며, 자신을 찾아온 조선 사람들 한 명 한 명에게 온 맘을 다해 세례를 주었습니다. 그 수가 수십 명에 이르렀습니다.

언더우드는 말했습니다.

"나는 조선에 복음의 씨앗을 뿌리러 왔는데, 열매를 거두기에 바쁘구나."[41]

그렇게 중국 만주와 일본 요코하마에서 번역된 각기 다른 한글 성경은 다양한 루트와 방법으로 이미 조선 안에 퍼지기 시작했고 사람들은 그 한글 성경을 쉽게 읽을 수 있게 되었습니다. 그런 일들이 가능한

---

41 Horace G. Underwood, "Korea", in The Fifty-First Annual Report of the Board of Foreign Missions of the Presbyterian Church in the United States of America(New York: Mission House, 1888), p. 154

중요한 이유는 바로 한글에 있었습니다. 남녀노소 누구나, 신분의 높고 낮음에 상관없이 쉽게 읽고 쓸 수 있는 한글 덕분에 한글 성경은 급속도로 퍼질 수 있었던 것입니다.

또 하나, 한글 성경은 한글 보급화에 가장 큰 역할을 한 책이 분명했습니다. 종이가 귀했던 시절, 가난한 백성들은 책을 접하기가 어려웠지만, 한글로 성경이 보급되면서 그 성경을 읽기 위해 사람들은 한글을 공부하기 시작했습니다. 한글은 빠른 시간 안에 익히기 쉬운 문자였기 때문에 서로 시너지를 내었던 것이죠. 한글 성경이 한글을 보급하는 가장 큰 역할을 했으며, 한글은 성경을 잘 읽을 수 있게 해준 것입니다. 한글 성경이 우리나라의 문맹률을 낮추고 한글 보급화에 큰 역할을 했다는 것은 거의 대부분의 국어학자들이 인정하는 사실이랍니다.

이후 언더우드는 연세대의 전신인 연희전문학교를 세우고, 한양 최초의 교회인 새문안교회를 세웠고 우리나라 최초의 영한사전을 편찬하기도 했습니다. 그 여러 가지 행보 중에 한글 성경 개역 작업은 언더우드에게 가장 중요한 일 중의 하나였습니다.

언더우드는 한글 성경을 더 많이 보급하기 위해 여러 나라에서 온 선교사들과 연합해 성경 전체를 한글로 번역하는 작업을 시작합니다. 성경 번역은 한 번에 끝나는 일이 아니기 때문입니다. 더 정확하게 더 명확하게 번역해야만 더 많은 사람들이 이해할 수 있기 때문이었습니다. 지식이 부족한 사람들에서부터 지식이 많은 사람들까지 모두를 아우르는 번역이 필요했습니다. 당연히 단어 하나하나를 선택할 때 매우 신중해야 했고, 중요한 문제였습니다.

1887년, 드디어 선교사들은 출신 나라와 교단 성격에 상관없이 함께 연합하여 성경번역위원회를 조직합니다. 그리고 한글 성경의 개역 작업에 들어갑니다. 그리고 1911년, 구약전서와 신약전서 모두가 한글로 번역된《성경전서》가 출간되기에 이릅니다.

수십 년 간의 시간 동안 언더우드, 아펜젤러, 해론, 스크랜튼, 게일, 레이놀즈, 존스 등의 서양 선교사들만 있었던 것이 아닙니다. 한글로 된 성경이기에 조선인 성경 번역자들이 필요했습니다. 중국 만주에서부터 함께 한글 성경을 번역하기 시작한 이응찬, 김진기, 서상륜, 백홍준, 이성하. 그리고 일본에서 홀로 성경을

1911년 구약 번역 중인 성경 번역자 회의.
왼쪽부터 이승두, 김정삼, 레이놀즈. 출처: 미국성서공회

성경 번역자 회의. 위 왼쪽부터 문경호, 김명준, 정동명,
아래 왼쪽부터 레이놀즈, 언더우드, 게일, 존스. 출처: 미국성서공회

한글로 번역한 이수정. 이후 개정 작업에 참여한 김정삼, 김명준, 이창직 등 수십 명의 조선인 성경 번역자들이 있었습니다.

어떤 기독교 역사학자들은 조선인 성경 번역자들을 번역자로 인식하지 않고 그저 서양 선교사들의 조수 혹은 조력자 정도로 인식하기도 합니다. 하지만 그것은 잘못된 관점입니다. 조선인 성경 번역자들은 단지 서양 선교사들의 조수가 아니었습니다. 그들은 한글 성경 번역 과정에서 반드시 필요한 구성원이었으며, 한글 성경이 번역되어 나오기까지 단순한 조력자가 아닌 주체적인 동역자였습니다.

또한 한글 성경은 조선의 신분 계급의 폐단을 무너트리는 데 중요한 역할을 하기도 했습니다. 한글 성경 덕분에, 신분이 높거나 낮거나, 돈이 많거나 부족하거나 교회에 모여 함께 하나의 성경으로 예배를 드릴 수 있게 되었기 때문입니다. 실제로 전 세계 기독교 역사상 가장 큰 대부흥 중의 하나로 인정받고 있는 평양 대부흥[42]이 일어날 수 있었던 큰 이유는 한글 성경

42 George McCune, *letter to Brown*, Jan. 15. 1907

때문이었는데, 당시 평양 대부흥 때에는 신분이 낮은 이들을 차별했던 양반들의 회개가 일어나기도 했습니다. 부인을 학대했던 남편이 회개하기도 했고, 심지어 살인을 저질렀던 죄를 회개하기도 했습니다.[43]

그런 놀라운 일들을 일으킨 한글 성경이 번역되기까지는 단지 수년 동안의 작업으로 이루어진 것이 아닙니다. 한 권의 성경이 한글로 번역되기까지 수십 년의 시간이 소요되었고, 그 한글 성경은 지금도 여전히 개역 작업이 이루어지고 있습니다.

현재 우리는 다양한 종류의 한글 성경을 읽을 수 있습니다. 개신교의 여러 성경들, 그리고 천주교의 성경이 있습니다. 또한 개신교와 천주교의 성경을 통합한 공동 번역본 등 다양한 번역본의 성경을 갖고 있습니다.

성경은 오랜 역사를 통해 많은 사람들에게 전해진 최고의 베스트셀러입니다. 우리가 구약이라고 부르는 성경은 유대민족, 즉 이스라엘 민족의 역사를 담고 있는 책으로 알고 있으며, 그들의 신에 대한 이야기로만

43 박용규, 《평양 대부흥운동》, 한국기독교역사연구소, 2000, pp. 246-257

이해하고 있는 경우가 많습니다. 하지만 구약은 유대민족의 역사인 동시에 재미있는 스토리와 창조의 이야기, 그리고 많은 지혜의 이야기들을 담고 있습니다. 또한 신약이라고 부르는 성경은 하나님의 아들이라고 일컬어지는 예수에 대한 이야기와 그의 제자들의 이야기, 즉 그들이 복음이라고 부르는 이야기를 전하는 과정과 미래에 대한 예언을 담고 있습니다. 하지만 또 다른 측면에서 보면 문학적인 편지이기도 하고, 예수가 전하는 삶에 대한 이야기들을 통해 우리가 여태까지 생각하지 못했던 여러 긍정적이고 선한 관점들을 전하고 있습니다.

그래서 성경은 유대 민족과 예수라는 특수한 이야기를 담고 있는 책이기도 하지만, 더 넓은 개념의 인류와 그 인류에 대한 구원의 이야기로 받아들여도 좋을 것입니다. 세계의 창조와 멸망, 희로애락과 인간의 모든 생사화복이 성경이라는 책 안에는 고스란히 하나의 통일성과 완결성을 가진 스토리로 담겨져 있습니다.

또한 많은 작가들이나 예술가들, 과학자들, 여러 학문의 학자들이 성경을 읽는 이유도 그 안에 삶을 풍성하게 해주고 영감을 불어넣어 주는 많은 지혜와 지식이 담겨 있기 때문입니다. 그렇기에 성경은 단순히 유대민족의 이야기이기보다는 전 세계적인 책이 될 수 있었던 것 같습니다. 성경을 단순히 유대 민족의 역사서로 이해하는 편견을 갖게 된다면 그런 많은 장점들을 얻어가지 못할 수도 있습니다.

자신이 태어날 때부터 사용하는 언어를 일반적으로 '모어'라고 부르는데요. 모든 나라, 민족, 혹은 부족들이 그 모어로 성경을 읽을 수 있는 것은 아니랍니다. 지금도 그 나라, 민족, 부족의 언어로 성경을 읽을 수 없는 사람들이 너무도 많답니다. 그래서 그들을 위해 성경을 다른 언어로 번역하는 일들이 지구촌 여기저기에서 일어나고 있습니다.

우리가 그런 인류 최고의 책을 한글로 읽을 수 있게 된 것은 어쩌면 축복인지도 모르겠습니다. 한글로 번역된 성경은 앞에서 살펴본 것처럼 우리 민족에 많은 영향을 끼쳤음을 부정할 수가 없기 때문입니다.

누군가 히브리어와 헬라어로 쓰여진 성경을 영어로 그리고 한문으로 번역했습니다. 그리고 그렇게 번역된 성경이 있었기에 또 다른 언어로 번역될 수 있었고 한글 성경 역시도 번역될 수 있었습니다. 우리의 세계는 넓고 광대해 보이지만, 모든 것은 우리가 볼 수 없을지라도 미세한 선들로 연결되어 있습니다. 누군가의 수고는 그 광대한 광야에 길을 내기 시작했고, 그 길을 통해 문명이 전해지고 성경이 전해졌습니다. 그리고 그 길을 통해 한글 성경 역시 번역되고 우리에게 전달될 수 있었던 것입니다.

그리고 한글로 성경을 번역하기 위해 이름도 빛도 없이 자신의 전부를 건 사람들이 있다는 것도 한 번쯤 기억했으면 좋겠습니다. 역사는 언제나 누군가에 의해 만들어지고, 대를 이어 전해지기 때문입니다. 또한 우리는 언제나 그 역사의 중심에 서 있고 누군가에게 그 역사를 전해줄 수 있습니다.

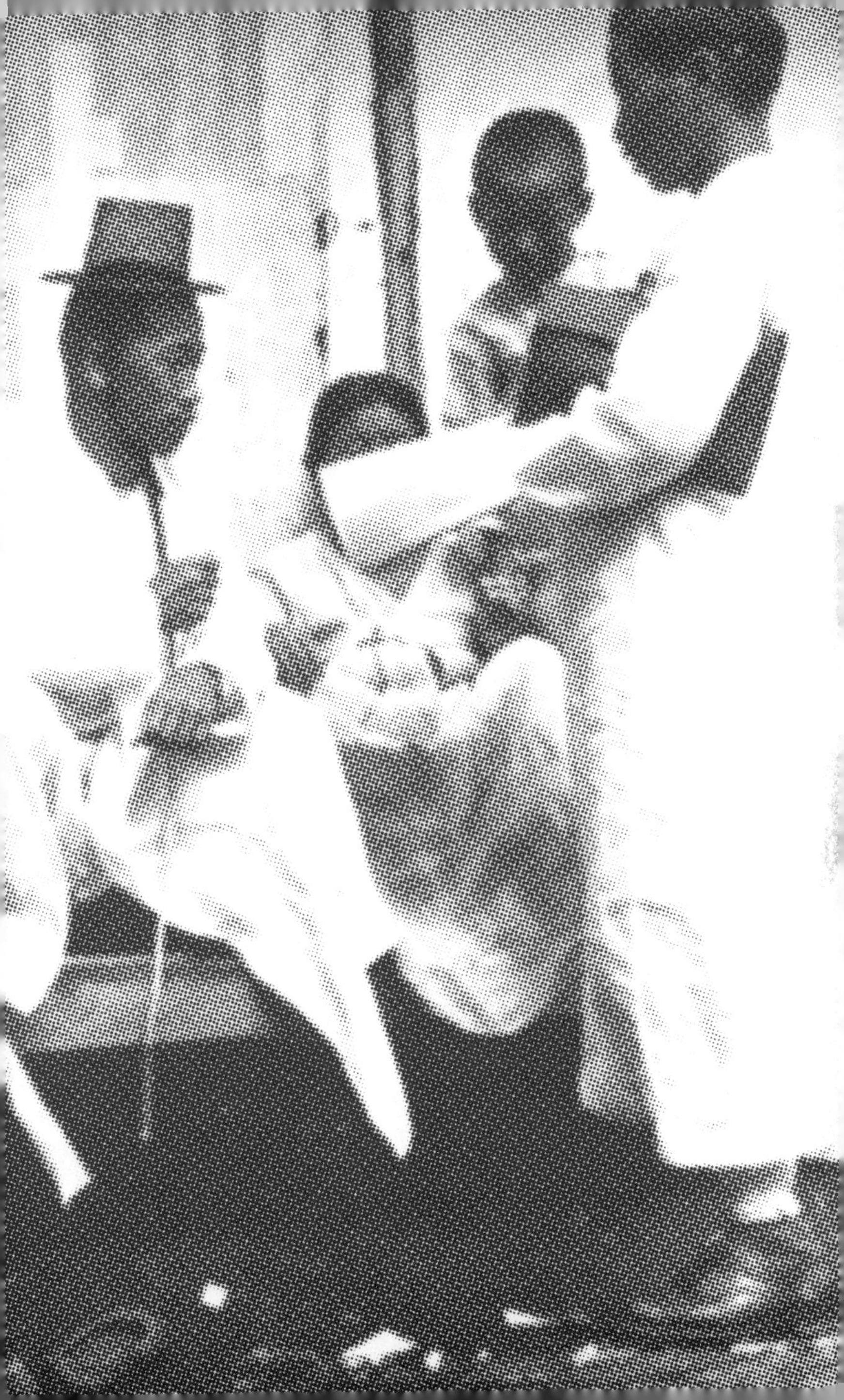

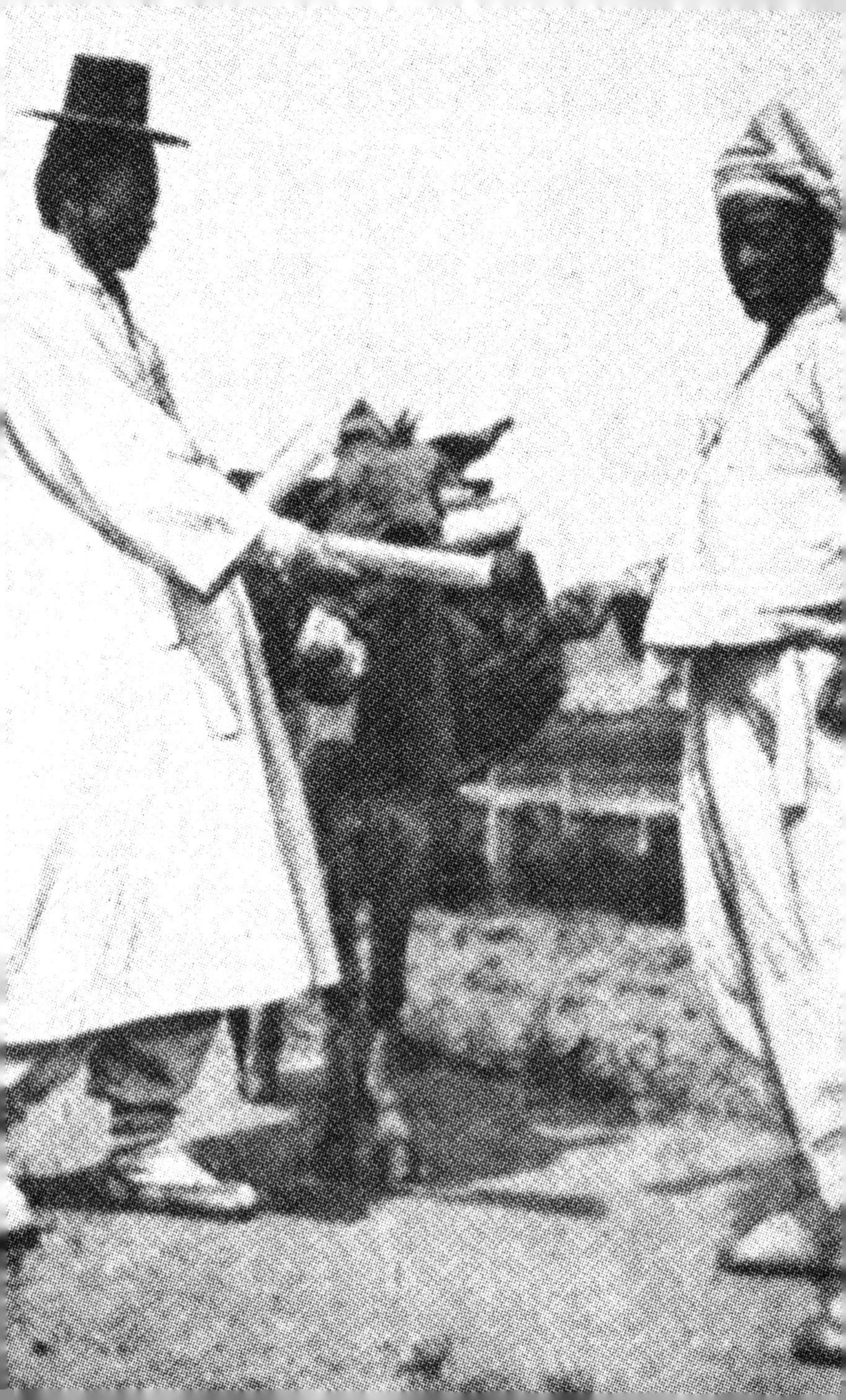

이야기를 마치며

한글 성경 번역과 관련된 한 가지 일화가 있습니다. 1885년 언더우드와 함께 태평양을 건너 조선에 함께 온 아펜젤러 선교사가 있었습니다. 그는 한글성경번역위원회에서 중요한 직무를 맡고 있었습니다. 때마침 아펜젤러는 목포에서 사역하고 있던 레이놀즈와 한글 성경 번역에 관한 회의를 하기 위해 이동해야만 했습니다. 아펜젤러는 지금의 인천인 제물포에서 조선인 동역자였던 조성규와 함께 배를 타고 목포로 향하고 있었습니다.

늦은 밤 10시쯤 목포를 향하던 배가 갑자기 쿵! 엄청난 충격에 흔들렸습니다. 그들이 타고 가던 배는 어두운 밤바다를 달리다 일본 상선과 충돌하고 만 것입니다. 아펜젤러와 조성규가 타고 있던 배는 한 치

앞도 보이지 않는 바다 위에서 침몰하기 시작했습니다.

전해지는 이야기에 의하면, 아펜젤러는 배가 침몰하는 중에도 동료인 조성규와 정신여학교 학생을 구하기 위해 바다에 뛰어들었다가 결국 익사했다고 합니다. 배가 침몰한 곳은 군산 근처의 어청도 인근 앞바다였습니다.[44] 곧 있으면 목포에 도착하기 직전이었습니다. 아펜젤러는 마지막까지 성경에 담긴 사랑을 실천했고 그 가르침을 따라 행동했던 것입니다.

아내를 잃고 모든 것을 포기하기 직전, 존 로스는 조선인들을 위해 한글 성경을 번역해야겠다고 생각했습니다. 존 로스와 함께 처음으로 성경을 한글로 번역하는 작업을 시작한 이응찬은 같은 조선 사람의 밀고로 인해 죽을 위기에 처했지만 결국 세례를 받고 한글 성경 번역 작업을 계속 이어갔습니다. 어렵고 힘든 시대, 민족과 백성들이 새로운 가르침을 받길 바라는 간절한 사랑의 마음 때문이었을 것입니다. 그는 한글 성경 번역 작업을 하다가 콜레라로 사망했습니다.

아버지로부터 성경을 받아 읽고 그 영향으로

---

44 황성신문(皇城新聞), 1902년 6월 16일.

결국 세례를 받고, 한글 성경 번역에 참여하고 그 한글 성경을 전국 방방곡곡에 전했던, 우리나라 최초의 권서인이 된 백홍준은 자신의 전 재산을 잃고 옥고까지 치르고 순교했습니다. 역시 성경이 당시에 어둠 속을 헤매던 조선의 백성들에게 빛이 되어줄 거라는 사랑 때문이었습니다.

몰락한 양반 출신으로 홍삼을 팔던 중 장티푸스에 걸렸지만, 매킨타이어의 사랑으로 목숨을 건진 서상륜은 사랑의 빚진 자가 되어 한글 성경을 번역하는 일에 참여했고, 평생을 한글 성경을 전하는 권서인으로 살았습니다. 사랑에 빚진 자가 그 빚을 갚기 위해서였습니다. 한글 성경의 말씀의 빛으로 빚을 갚기 위해서였습니다.

한글 성경 번역 작업과 개역 작업에 참여한 언더우드를 비롯한 많은 서양 선교사들은 평생을 조선에 헌신했습니다. 학교를 세우고 병원을 세우고 고아원을 세웠습니다. 그들 선교사의 자식들에 자식들까지 대를 이어 이 땅을 위해 살았습니다. 모두 성경 속의 사랑 때문이었습니다. 그래서 한글 성경 속에는 많은 사람들의 사랑이 소복소복 담겨 있습니다.

성경을 한글로 번역하는 것은 그저 단순히 한글 문자로 성경을 번역하는 것이 아닙니다. 그것은 한글로 사랑을 번역하는 것입니다. 바꿔 말하면 하나님 사랑과 이웃 사랑을 한글로 번역하는 것이기도 합니다.

성경책 파는 조선 상인들

The Korean Bible Story

지은이 이원식
펴낸곳 주식회사 홍성사
펴낸이 정애주
국효숙 김의연 박혜란 송민규 오민택 임영주 차길환

2026. 2. 5. 초판 발행 2026. 3. 20. 2쇄 발행

등록번호 제1-499호 1977. 8. 1.
주소 (04084) 서울시 마포구 양화진4길 3
전화 02) 333-5161 팩스 02) 333-5165
홈페이지 hongsungsa.com 이메일 hsbooks@hongsungsa.com
페이스북 facebook.com/hongsungsa
양화진책방 02) 333-5161

ISBN 978-89-365-0399-4 (03230)